韓流映画・ドラマに見える

下剋上の韓国

呉 善花
Oh Sonfa

ビジネス社

はじめに

2023年5月、韓国のある新聞社が衝撃的な調査結果を発表しました。10~20代の韓国人の10人に3人が、「韓国人でいるのが嫌だ」と答えたというのです。なぜ若者は韓国での暮らしに拒否反応を示すのでしょうか。それは、韓国が強烈な「ストレス社会」であり、その状況に苦しんでいるからです。

ストレスの原因の一つに、韓国社会の競争の厳しさが挙げられます。

韓国は世界でも有数の学歴社会で、大学進学率は約7割に達しています。[1] 中でも、ソウル大学校・高麗《コリョ》大学校・延世《ヨンセ》大学校という3つの名門校(頭文字を取って「SKY《スカイ》」と呼ばれます)を卒業した人と、そうでない人の間には天と地ほどの格差が存在しています。そのため、子どもたちは小さな頃から塾に通わされ、スパルタ教育を受けることになります。

1日に塾を2~3カ所ハシゴする子どもも珍しくなく、彼らは夜遅くまで必死に勉強を続けます。子どもたちはもちろん大変ですが、高額な塾の費用を捻出し、日々車での送り迎えを余儀なくされる親の負担も並大抵のことではありません。

名門大学に入ったところで全く安心はできません。この5年ほど、韓国における大学卒業者の就職率は60~65%の間で推移しており、3人に1人は就職できない状況です。[2]それはSKYの卒業生も同様で、彼らでさえ6割後半から7割前半の就職率にとどまっているのです。厚生労働省調査による令和4年度の日本の大学卒業者の就職率が97・3%であるのと比べると、他にいろいろな要因があるにせよ、韓国の就職状況がいかに厳しいのか、おわかりいただけるでしょう。

運良く大企業に就職できてからも、さらに競争は続きます。

韓国労働者の年間労働時間はOECD加盟国の中でもトップクラスで長く、また出世争いともなれば相当に厳しいものがあります。その上韓国の企業では平均49・4歳で退職を迫られるといわれています。韓国の年金制度はまだまだ十分ではないため、若くして会社から追い出された人たちは、再就職するか起業するかしてさらに稼ぎ続けることが求められ、またもや熾烈な争いに巻き込まれていくのです。

いっこうに終わらない競争を強いられ続けた結果、心を病む人は顕著に増えてきています。ある調査によると、韓国人サラリーマンの90％以上が、怒りやストレスを溜めこんでおり、そのうちの多くが韓国人特有の精神疾患「火病（ファッピョン）」にかかったことがあると[3]報告されました。特に新型コロナウイルスの感染拡大以降は、精神疾患を抱える人が急増しています。

ストレスの原因は、競争社会以外にもたくさんあります。女性の場合、男女差別も生きづらさの一因になっています。

韓国は今も儒教の影響が根強く残っているため、職場には男性の方が早く昇進して給与額も高く、たとえ能力が高くても女性は待遇が悪くて当たり前という風潮があります。世界経済フォーラムが毎年発表している「ジェンダー・ギャップ指数」によると、２０２３年の韓国の順位は、調査対象１４６カ国中１０５位。[4]２０２２年のデータですが、男女格差が最も大きいのは「経済的機会」の分野で、特に男女の管理職の比率と所得格差では、調査対象国で最低レベルでした。[5]

家庭の中にも男女格差は強く生き残っており、家長の父親が最も偉く、娘の立場は一番低いとされています。また結婚後も、夫が妻に暴力を振るうケースが後を絶ちません。女性たちはこうした状況に対し、強い不満を感じているのです。

そして韓国社会に痛烈な一撃を与えたのが、1997年に韓国を揺るがした「IMF（国際通貨基金）経済危機」でした。通貨危機に見舞われた韓国は、IMFが支援・介入したことで立ち直ることができました。日本は1945年に第二次世界大戦が終わったことで新たな国に生まれ変わりましたが、韓国にとって1997年が新たな時代の始まりと言っていいくらい、まさに「敗戦」に匹敵するほどの出来事だったのです。

これを機に、韓国では価値観が大きく変わりました。家族を大切に思い、互いを支えてきたそれまでの家族主義が一変し、個人主義と拝金主義にとって代わられたのです。その変化はあまりにも急激で、韓国人にさらに強いストレスをもたらしました。

こうして社会がストレスに晒され続けた結果、若者たちは未来に対しもはや希望を持てなくなっています。それが端的に表れているのが出生率です。韓国の出生率は1980年代から下がりはじめ、2018年には初めて1を割り込みました。そして2022年には0・78と、世界の最低水準にまで下がってしまいました。また、自なのです。

殺率の高さも深刻です。ＯＥＣＤの調査によれば自殺率はＯＥＣＤ加盟38カ国の中でワースト1位でした。出生率が最も低く、自殺率が最も高い国。それこそが今の韓国なのです。

さらに、韓国では詐欺の件数も増えており、日常生活において、だまされないように気を張っていなければならないというストレスもあります。

２０２１年における韓国の詐欺犯件数は35万件で、日本の数十倍にも上ります。中でも身内や知人をだます詐欺が多いため、より一層社会の雰囲気を悪くしています。

また、お金持ちでも油断をすれば、一気に貧乏人に転落するなど、優位に立っていたつもりでも、あっという間に下位の者に逆転されてしまう。下位の者は死に物狂いで一攫千金を狙い、のし上がろうとするからです。今の韓国はまさに日本の戦国時代のような下剋上の社会です。

このように疲弊しきって荒んだ韓国人の心模様は、人気の韓流映画やドラマからも見て取れます。強いストレスと競争社会に苛《さいな》まれている登場人物たちが、悩みながらも道を切り開き、前に進もうとする姿を見て、観衆は共感を覚え、勇気をもらっているのです。

この本では、今の韓国人が感じているストレスについて、「家父長制による女性蔑視、男尊女卑」「貧困と貧富格差」「詐欺の横行と一攫千金願望」「教育格差・学歴・受験戦争」という4つの切り口から分析していこうと思います。ここ数年の韓国で作られたヒット映画・テレビドラマを題材に選びました。これらの作品は今の韓国の姿がリアルに、生々しく描写されていて、とても参考になるからです。

家父長制による女性蔑視については、2019年に公開され女性から圧倒的な支持を受けた映画『82年生まれ、キム・ジヨン』。貧困と貧富格差については、2019年公開で韓国映画初のパルムドール賞を獲得した映画『パラサイト 半地下の家族』。詐欺の横行については、2019年から2020年にかけて放送され、世界190カ国で配信されたドラマ『愛の不時着』。一攫千金願望については2021年に配信され94カ国でランキング1位を獲得したドラマ『イカゲーム』。そして教育格差・学歴・受験戦争については、2018年から2019年にかけて放送され、歴代最高視聴率記録を更新したドラマ『SKYキャッスル〜上流階級の妻たち〜』。以上を主な題材にして語っていきます。

こうしたヒット作品を見て気付くのは、韓国人が抱えるストレスの原因が、韓国人自身の気質によるものが多いということです。

日本は伝統を大事にし、未来に向けて地道に懸命に生きようとする美徳を持っています。これに対し、韓国は新しいものにすぐに飛びつき伝統や歴史を簡単に捨て去ってしまい、今の成功や富だけを求める傾向にあります。結果がすべてであり、プロセスを無視してしまうため、目標を達成しても心は満たされないばかりか、達成できなければ絶望するほかないのです。

韓国人の有りようは日本人とは実に対照的です。ですから日本人の読者にとってみれば、韓国人の抱えるストレスや失いつつあるものを観察することで、日本の良さや、これからも大切にし続けなければならないものを再発見するきっかけになるのではないかと思います。

日本と韓国の違いや今の社会状況を知ることで相互理解につながることを、私は心から願っています。

２０２３年10月

呉　善花

韓流映画・ドラマに見える　下剋上の韓国

もくじ

第2章 貧困と貧富格差ストレス 『パラサイト 半地下の家族』等を題材に

第3章 詐欺と一攫千金願望ストレス 『愛の不時着』『イカゲーム』等を題材に

第4章 教育格差・学歴ストレス 『SKYキャッスル』等を題材に

第1章

家父長制と男尊女卑ストレス

『82年生まれ、キム・ジヨン』等を題材に

1997年のIMF経済危機で全韓国人の人生が激変

韓国人のストレスについてお話しする前に、韓国人の生活に大きな転機・変化をもたらした、「IMF経済危機」について触れておきます。

1997年に起きたこの経済危機は、アジア全域に広がりました。その影響は、日本にも及び、この年、北海道で唯一の都市銀行だった北海道拓殖銀行と、大手証券会社の山一證券が相次いで経営破綻しました。都市銀行や大手証券会社が破綻することは、当時の日本人にとってまさに想定外でした。その衝撃を覚えている人は、今でも少なくないはずです。

ただし、この経済危機は日本社会を変えるほどではなく、このとき受けた傷は比較的小さかったと思います。少なくとも、その後見舞われた東日本大震災に比べれば、社会的影響は大きくはありませんでした。

一方、韓国側の影響はきわめて深刻だったのです。

きっかけは、１９９７年から始まったアジア全体の通貨危機でした。まずはタイで通貨バーツの暴落が起きました。そこから金融市場の混乱が始まり、影響はインドネシア、マレーシア、フィリピンなどに波及していきました。

そして同年10月には、さまざまな格付け会社が韓国の信用格付けを下方修正し、株式市場は大暴落しました。韓国政府は金融市場の安定化を図りさまざまな策を講じたのですが、ついに支えられなくなり、ＩＭＦに支援を要請することになったのです。

ＩＭＦは韓国を支援する際に、いくつかの条件を突きつけました。そのなかには、社員を解雇しやすくする、公的企業を民営化する、公務員や金融機関の従業員をリストラするなどの項目が入っていました。これにより多くの人々が職を失い、路頭に迷ってしまったのです。この後ご紹介する映画『82年生まれ、キム・ジヨン』の主人公キム・ジヨンの父親もその流れに巻き込まれ、ジヨンや姉は進路の変更を迫られます。

ＩＭＦ経済危機とそれに伴うＩＭＦの介入は、韓国にとってまさに「敗戦」に匹敵するものでした。経済は大失速し、人々のプライドも大いに傷つきました。そして、男性が次々とリストラされたことで、女性たちは仕事をせざるを得なくなりました。

それまでの韓国では、結婚後の女性は家庭に入り専業主婦になるのが理想とされていましたが、それ以降は女性も働くのが当たり前の世の中になったのです。これは韓国社会において、実に大きな変化でした。

国民の価値観を変えたＩＭＦ経済危機と東日本大震災

韓国のＩＭＦ経済危機に匹敵するような、日本社会に大きな影響を残した出来事と言えば、やはり東日本大震災でしょう。

私は当時、拓殖大学国際学部で教鞭を執っていました。２０１１年の春、震災後初めての新学期が始まったとき、私は学生たちの変わりぶりに驚いたものです。それまで散見されていた茶髪や金髪の姿は目に見えてなくなり、ピアスや派手なアクセサリーをつけている男子学生も極端に減っていました。大学内だけでなく、原宿などの繁華街でも同じような傾向でした。

また、地元志向になった学生も明らかに多くなったと感じました。

それまでは、実家を離れて都会で就職し、一人暮らしをする人が多かったのですが、２０１１年以降は、実家に戻って地元で就職し、家族と一緒に暮らしたいと考える学

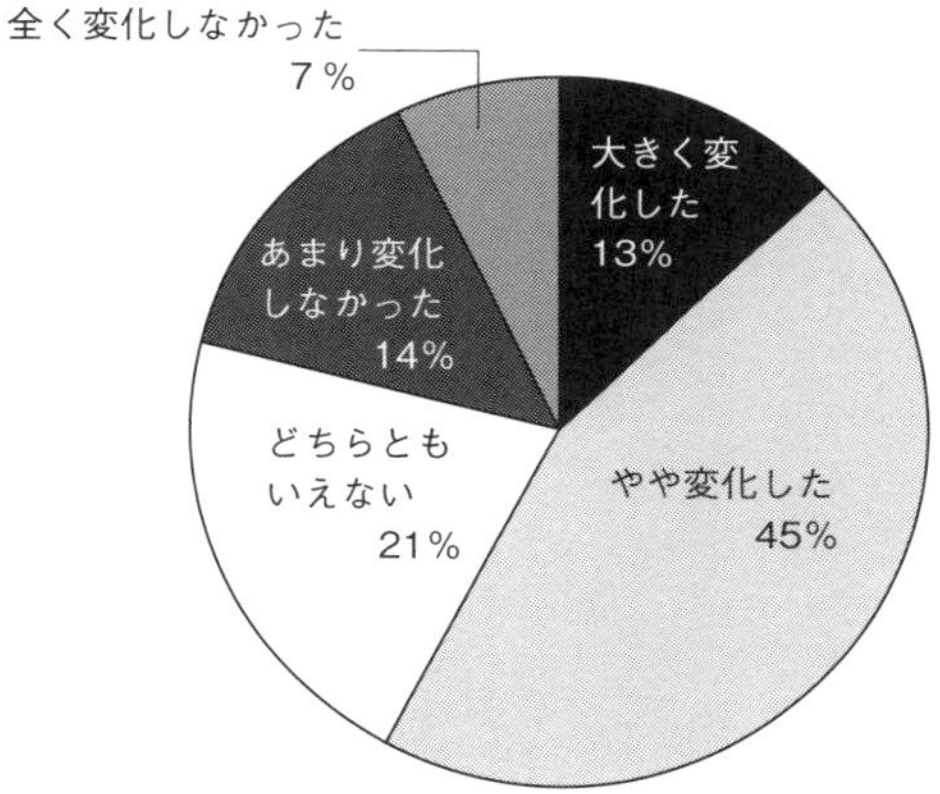

図１　人生観や価値観の変化[6]

生が多くなりました。このとき流行《はや》った「絆」の意識は、大学生をはじめとする若者たちにも強まったと思います。

私が大学で感じた印象は、内閣府経済社会総合研究所が20～39歳の若年層に対し東日本大震災前後に行った調査（「第２回あなたご自身に関する調査」）をまとめた「東日本大震災直後の若年層の生活行動及び幸福度に対する影響」でも裏付けられています。[6] この調査で「震災後、あなたの人生や幸福についての考え方は変化しましたか」という問いに対し、13％の若者が「大きく変化した」、45％の若者が「やや変化した」と答えています（**図１**）。

東京で学び暮らしていた私の教え子たちからも、震災によって人生観が変わったとよく聞かされました。人と人とのつながりを大事にするようになった、家族と一緒にご飯を食べる機会が増えた、地元にゆかりのある物に興味を持つようになった、無駄なものは買わないなど、さまざまな面で心境が変化したようでした。

東日本大震災以降、日本社会は大きく変わったという主張に共感してくれる方は多いでしょう。「震災前」と「震災後」では、時代にひとつの区切りができたのです。それと同程度、あるいはもっと大きな衝撃を韓国に与えたのが、ＩＭＦ経済危機でした。今でも韓国では一般的に「ＩＭＦ前」「ＩＭＦ後」という言い方をします。１９９７年以前と後では、韓国社会は別物になったのです。

女性の生きづらさを描き出した映画

『82年生まれ、キム・ジヨン』の原作者・チョ・ナムジュは１９７８年生まれです。一方、映画と原作小説の主人公であるキム・ジヨンは、言うまでもなく１９８２年生まれです。つまり、原作者イコール主人公ではなく、あくまでフィクションとして描かれた作品です。しかし、原作者もＩＭＦ経済危機を経験し、きっとジヨンと同じような思いを抱えて生きてきたのではないかと思います。

ジヨンは学生時代からずっと、男女差別のある社会に不満を持っていました。そして結婚、出産してからも、どうして女性だけが苦しい目に遭うのかという釈然としない思いに苛まれ続けます。ＩＭＦ後、女性の社会進出が当たり前になったとはいえ、韓国に根付いた慣習や考え方はそう急には変わりません。その歪みにジヨンたちの世代は置かれています。

ＩＭＦ前の女性の地位を知っている私からすれば、ジヨンは甘いという思いもありますが、日本でも共感され、映画、小説ともにヒットしたことを考えると、今の日本女性も仕事や子育てなどで同じような生きづらさを抱えていることがわかります。「はじめに」でご紹介した世界経済フォーラムの２０２３年の「ジェンダー・ギャップ指数」が、日本は韓国よりさらに低い、調査対象１４６カ国中１２５位[4]というのもうなずけます。

ここで簡単に『82年生まれ、キム・ジヨン』について、ご紹介しましょう。

この映画は、２０１９年10月に公開され、韓国での観客動員数は３６７万人を記録、特に20～30代の女性から多大な支持を集めました。また、原作となった同名の小説は韓国国内で１００万部以上を売り上げる大ベストセラーとなり、日本でも20万部以上が売れています。

主人公の名前であるキム・ジヨンは、韓国で最も一般的な姓である「キム」と、１９８２年生まれの女の子によく名付けられていた名前である「ジヨン」を組み合わせたものです。日本で言えば、「佐藤愛」という感じでしょうか。とにかくこの映画は、ありふれた韓国女性のありふれた悩みを描いた作品です。

主人公ジヨンは33歳、ソウル近郊で生まれ育った女性です。大学卒業後は広告代理店で働いていましたが、30歳を過ぎて娘を出産したのを機に退職。専業主婦になりましたが、また働きたいという気持ちを強く持っています。

秋夕（チュソク。旧暦の中秋節で日本のお盆のようなもの）に事件が起きます。ジヨンは夫と娘と共に夫の実家に帰省しました。そこで嫁として家事をこなした後、ジヨンは突然、実母が取りついたかのようになり「うちのジヨンを実家に帰してください」と言いだします。この日から、ジヨンにはときどき、憑依《ひょうい》症状（日本でいう心霊現象ではなく、育児うつのような精神的疾患による症状）が出るようになりました。

ある日、ジヨンは娘を連れて公園を散歩していると、近くを通りかかったビジネスマンとビジネスウーマン風の３人組に「いいご身分だよな。自分も夫の稼ぎでのんびりと過ごしたいよ」と言われます。仕事に復帰したいと思ってもベビーシッターが見つからず断念。子育てに追われて望みを果たせないまま、男尊女卑の気質が根強く残る韓国社会に漠然とした不満も感じていたところに、こんな嫌味な言葉を投げかけられたことで、ジヨンの気持ちはさらに波立ちます。

それだけにとどまらず、母親、姉、元同僚の女性の生きづらさも描かれていきます。学校の成績が良かったジヨンの実母が、兄弟の学費を稼ぐため進学を諦めていたことが明らかにされるシーン。また、独身で教師として活躍している30代半ばの姉に「教育大学に進むのはいやだったのか」とジヨンが聞くと、「お父さんが通貨危機で失業したし、ジヨンたちの将来を考えて選んだ道だし、ジヨンだって小説家や記者の夢を諦めたでしょう」と答えるシーンもあります。

このように、ジヨンは精神科に通いながらより良い生き方を模索する、というストーリーです。

作品の中では、ジヨンの過去のエピソードもいくつか綴られています。能力は十分にあるのに、女性だという理由で昇進が遅れたこと。社会に出たいと願うジヨンを支えるため、夫が育児休暇取得を考えたとき、義母から「育児休暇？　息子の将来を邪魔する気？」となじられたこと。

現代の韓国女性は、今もIMF前から続く抑圧と生きづらさを感じています。それゆえこの小説と映画は、多くの女性から熱狂的な支持を集めたのでしょう。

ちなみに、東京都が子育て状況などを調べた調査では、現状での家事・育児分担比は「父2：母8」と答えた割合が一番多かったそうです。

そして「どうすればもっと父が家事・育児が出来ると思うか？」という問いに対して、父は「勤務時間が短縮できれば」、母は「配偶者自身の意識が変われば」というのが最も多い回答でした。

日本でも、育児を女性任せにする傾向は根強く、韓国女性と同じ問題を抱えていることがわかります（「朝日新聞」2023年5月8日、2022年度基礎調査結果より）。

息子を産まない嫁は人として扱われない

映画の中に、昔、ジヨンの実母ミスクが義母に「結婚したら少なくとも４人は息子を産むべき」と言われたというシーンがあります。彼女はジヨンを含む２人の娘と１人の息子の合計３人を出産しましたが、それではまだ足りない、もっと息子を産まなければならないと言われたのです。

ジヨンは１９８２年生まれですから、母ミスクが生まれたのはおそらく１９５０年代でしょう。私は１９５６年生まれなので、ちょうど同世代です。ですから、こういうことを言いだす人がたくさんいることは容易に想像できます。韓国では、男の子を産まなければならないという女性へのプレッシャーが半端ないのです。

その一例が、小学校時代からの友人であるAさんの半生です。韓国女性の生きづらさがよくわかる例ですのでお話ししましょう。

Aさんは私と同じ済州島の漁村で生まれ、小学校を出てから海女の仕事をしていました。そして23歳のときに結婚していったん海女を辞め、夫と２人で釜山《プサン》に渡りました。当時、夫は鋳物壺運搬車のドライバーを1日8時間して、5万6000ウォンの月給を得ていたそうです。一方、Aさんは製靴工場で1日16時間も働き、月6万ウォンを得ていたと言います。そして夫のために家事もこなしていました。

済州島の女性は皆、働き者です。1日16時間労働をして、さらに家事までこなすという暮らしは、現代の若者にとっては信じられないことかもしれません。しかしAさんは、体力が許す限り働く道を選びました。その結果、2、3年のうちに、夫婦で小さな雑貨店を持つことができたのです。

長女が生まれた後、Aさん夫妻は店を人に譲って済州島に戻り、夫の実家の近くに鋳物壺工場を建てました。そして2人目の子どもを身ごもりますが、この頃から夫の浮気が始まりました。Aさんが愛人に抗議をしたところ、一緒にいた夫から手ひどい暴力を受けたそうです。そして2人目の娘が生まれてから2年ほど経った頃、夫と愛人は一緒に蒸発してしまい、Aさんは夫の実家に残されました。

周囲からは何度も、「あんな夫とは離婚した方がいい」と勧められました。しかし当時の法律では、女性が単独で戸籍を持つことができず、離婚すると実家の戸籍に戻るしかありませんでした。2人の子どもは夫の戸籍から動かせないので、離婚すれば子どもは夫に取られてしまうのです。そこで、夫からどんなにひどいことをされても、子どもと一緒に暮らすためには離婚はできませんでした。

浮気が発覚してから3年、蒸発から半年ほど経った頃に、夫はAさんの元に戻ってきました。Aさんは夫を許し、やがて三女が生まれました。この頃、親戚が集まるたびに「早く男の子を産まなければダメだ」と言われたそうです。中でも厳しい態度をとっていたのは義母で、Aさんに何度も「男の子も産めない役立たずめ！」と怒鳴り、玄関に向けつばを吐いたと言います。韓国でつばを吐く行為は一種のおまじないで、汚いものに対してつばを吐き、厄払いをするのです。また、義父からも「男の子のいないお前の家には、財産は一切やらない」と何度も念を押されたそうです。ＩＭＦ前までの韓国では、よくあることでした。

Aさんにとって最もつらかった行事が、先祖の霊を供養する行事「チェサ（祭祀）」でした。これは先祖の命日に親戚一同が集まる法事で、宗家ともなれば、年に何十回も開催することさえあるのです。

男系社会である韓国では、長男がチェサを取り仕切り、列席する親戚も息子を連れて礼拝をします。映画の中でも、夫の実家に設けた祭壇に向かって礼拝をするのは父と息子（ジヨンの夫）だけで、ジヨンたち女性は後ろで立って見ているだけというシーンがあります。

Aさんには娘しかいませんでしたから、夫はいつも一人で礼拝をしていたのです。日本人にはなかなか理解しにくいことだと思いますが、これは韓国男性にとって非常に屈辱的なことでした。それでAさんは、「私が息子を産んでいないせいで夫が恥をかいているのだ」と自分を責めていました。もちろん、周りの視線は冷ややかなものでした。

そんなとき、Aさんは妊娠しました。妊娠5カ月で受けた羊水検査の結果は女の子。出産すれば、義父母や親戚から「また女の子か」と責められるのは、火を見るより明らかでした。Aさんはそれが耐えられず、中絶を選ぶ他ありませんでした。

妊娠5カ月での中絶は、想像以上にAさんの身体に重い負担がかかりました。陣痛促進剤を注入し、なんとか流産させることはできたのですが、その後遺症は大変過酷なものでした。1カ月間、絶え間なく刃の鈍ったのこぎりで下半身を切られるような激痛に襲われ、トイレにも這っていかなければならない状態が続きました。あまりのつらさにＡさんは、男の子が生まれるまでは産み続けようと決心したそうです。中絶後の激しい痛みと戦いながら男の子を産もうと心に刻んだＡさんの心の中はどれほど厳しい状況だったのか、私には想像も及びません。

そうして数年後、ようやくＡさんは待望の男の子を出産したのです。するとどうでしょう。それまでＡさんをさんざん冷遇してきた義父母の態度はガラリと変わりました。かなりの金額の財産が分与され、土地も譲り受け、そこに家を建てました。Ａさんはようやく、義父母たちから人として扱われるようになったというわけです。

「息子を産まない嫁に価値はない」というのは儒教の影響

日本の時代劇で、大名家などに嫁ぐも跡継ぎを産めない女性が冷遇されるというエピソードが、たびたび描かれます。以前の日本でも、男の子を産めず悩んでいた女性はそれなりにいたのでしょう。ただ、韓国女性が受けるプレッシャーの強さは、その比ではありません。名家でも何でもないごく庶民的な家でさえ、男の子を産めない女性はひどい扱いを受けていたのですから。

その背景にあるのは、儒教的な考え方です。

韓国で宗教を信じている人は、全人口の約53％。そのうち最も広まっているのはキリスト教で、教徒はプロテスタントとカトリックを合わせて56％と、43％である仏教徒を上回っています。しかし、いくらキリスト教が広まっても、国民の心の底には儒教がしっかり根を下ろしているのです。

儒教はもともと、中国から導入されたものです。10世紀の高麗王であった成宗が儒教の普及を加速し、14世紀から始まった李氏朝鮮時代には各地に儒教の学校が建設されました。それ以来、数世紀にわたって儒教は韓国人の心のあり方を形づくってきたわけです。

儒教では、庶民が地位の高いものに逆らってはならないと教えています。また、儒教には当初から男尊女卑の風潮があったのですが、朝鮮儒教ではさらにその傾向が強まり、徹底した男尊女卑社会となっていきました。それが、Aさんが中絶を選ばざるを得なかった社会的圧力をもたらしたのです。

出生率の急激な低下が起きた1970年代

私が子どもの頃、1960年代までの韓国では、子沢山の家庭が当たり前でした。私自身は6人兄弟でしたし、友人の多くも何人も兄弟がいました。理由の一つは、1950年から3年間続いた朝鮮戦争に求められるかもしれません。

第二次世界大戦が終わった直後の1947年から1949年にかけて、日本ではベビーブームが起きました。この時期に生まれた人たちが「団塊世代」と呼ばれているのは、皆さんもご存じの通りです。同じ現象は韓国でも見られました。朝鮮戦争終結後の1955年から1963年にかけて、ベビーブームが巻き起こり、この頃の出生率は6近くあったのです。私もまさにこの時代に生まれた者の一人です。

当時の韓国政府は、人口が急激に増えつつあった状況に危機感を覚えました。1960年代後半に入ると、「家族計画事業」を推進しはじめたのです。[7] 政府からは避妊薬の無料支給、それまで認められていなかった人工妊娠中絶の自由化、子どもが2人までの家庭に対する減税措置、中絶・不妊手術をした家族に対する公共住宅入居権の優先的付与といった政策が次々に実施されました。この頃に「息子・娘を区別せず、2人だけ産んで大事に育てよう」というキャンペーンが始まりました。その結果、出生率は急激に落ちていったのです。1971年に4・54あった合計特殊出生率は、1983年には2・06まで急激に下がり、その後2015年の1・24からは毎年過去最低を更新、2022年には0・78まで下落しました。[8]

ジヨンが生まれた1982年は、出生率が2を割り込む寸前だった時期です。子沢山の時代から「2人だけ出産する」時代に移り変わると、さらに男の子を求める傾向が強くなりました。もし最初に息子が生まれれば、2番目の性別はさほど気にしません。しかし、最初に娘を産み、2番目も女の子を妊娠した場合、中絶してしまうことが普通だったのです。

その結果、科学的なものから民間療法まで、さまざまな「産み分け法」が登場しました。またAさんのように、胎児が女の子だとわかった段階で堕胎を選ぶ人も多かったです。

こうして、嫁として男の子を生まなければならないという強迫観念は、より強くなっていきました。小説には、90年代のはじめ、3番目以降の子どもの出生性比は男児が女児の2倍以上になったと記されています。

ジヨンの母も例外ではありません。子どもは姉、ジヨン、弟の3人兄弟です。小説には、ジヨンと弟の間に妊娠した「妹」を中絶して、たった一人でその苦しみに耐えたことが描かれています。ようやく弟が生まれたことで父母は安心したでしょうし、その結果、弟は2人の姉よりずっと大切にされて育てられました。映画で父が弟だけにプレゼントをするシーンが描かれていましたが、これも男の子が優先される韓国を象徴するシーンです。

余談ですが、このように男女比率が極端に開くこととなり、幼稚園や小学校では男の子ばかりが目立つようになりました。結果、この世代が成長した2000年代の韓国では、結婚相手となる女性不足問題が起きています。その結果、中国の朝鮮族（韓国語が通じることから）やベトナム女性（生活習慣が韓国人に似ていて親しみやすいことから）とのお見合いビジネスが盛んに行われ、国際結婚が増加しました。韓国の田舎では、今や婦人会の会長がベトナム人だというケースも珍しくありません。

報道によれば、2018年の韓国では約25万8000組が結婚したそうですが、そのうち国際結婚の占める割合は9・2%に達したそうです。一方、日本の国際結婚率はここ数年、3%台で推移しています。両国のデータを比較すると、韓国の国際結婚率の高さがうかがえます。

韓国は父系家族かつ「父権家族」

ジヨンの一家が夫のデヒョンの実家に帰省した際、夫が台所にたまった洗い物に気付くシーンがあります。デヒョンが立ち上がって皿を洗おうとしたところ、義母はデヒョンとジヨンに対して「うちの息子は今どきの旦那だ」と言います。その言葉にジヨンは反応して、普段の家事はすべて自分がこなしていると義母に伝えたところ、義母から「我が子を褒めているだけだからケチをつけないで」と、やんわりと、しかし多少の悪意のこもった返答を受けるシーンがあります。この間、この家の主である義父はソファーで悠々とくつろぎ、ジヨンの娘を抱っこしています。

このシーンには、デヒョンとデヒョンの父の世代差が表れています。デヒョンは家事をすることにためらいを感じません。一方、デヒョンの父は、妻やジヨンが忙しく家事をしていようとも手伝う素振りすら見せません。義父母の世代にとって、「男子厨房に入るべからず」という古い価値観が当たり前なのでしょう。反面、嫁で立場の弱いジヨンは、思わず「うちでは私がすべての家事をしているのだ」と言い訳をしてしまったというわけです。

ちなみに、デヒョンは「今どきの旦那」かもしれませんが、「僕もおむつ替えくらいなら手伝う」「僕だって子どもが生まれたら生活が変わる。早く家に帰らなければならないから外でお酒が飲めなくなる」とも言っています。彼の中には、育児は女性の仕事で、男はそれを手伝うだけという意識があるのです。

韓国は父方の血統を重視する「父系家族」であるだけでなく、家族の中で男性、特に父親が絶対的な権力を持つ「父権家族」です。

少し前までの韓国では、夫が家事をするなどありえないことでした。「夫は神であり、妻は3日殴らないと天に昇る（有頂天になる）」ということわざがあるくらいです。

男というものは家を守るものではなく、とにかく外に出て堂々と大きなことをやるものという価値観が韓国ではあるので、料理や洗濯物をたたむのが上手な男というと、器の小さな人間に見られてしまいます。料理もたまにやればかっこいいけれども、日常的にやっていると女性はそのような男性に魅力を感じないのです。

夫は強い存在で、弱い妻を家政婦のように扱わなければならないという価値観は、今も社会に根深く残っています。それで義母は、自分の息子に家事をさせるジヨンに当てこすりを言ったのです。

夫による妻への暴力は、現代でも広く存在しています。少し古いデータですが、韓国刑事政策研究院は２０１７年、韓国の成人男子のうち約８割が、妻やパートナーに対しＤＶ（ドメスティックバイオレンス）をしたことがあるという調査結果を明らかにしました。[9] 暴言を浴びせたりする「心理・情緒的暴力」の経験者は36・６％、「身体的暴力」は22・４％あるとされています。

韓国人男性に対し、「優しい」というイメージを持つ日本人は少なくないでしょう。確かにそんな一面もあります。交際が始まると、恋愛期間中の韓国人男性はとにかく女性に尽くします。レディファーストで気を遣ってくれますし、連絡もまめにする人が多いです。ところが、結婚して子どもが生まれると「釣った魚に餌をやらない」とばかりに態度が豹変するケースも珍しくありません。しかも、以前から女性に暴力を振るって言うことをきかせようとする人はとても多かったのですが、今も決して少なくないのです。

『帝国以後』などの著作で世界的に有名な人口統計学者・歴史学者のエマニュエル・トッドは、「親子関係」の同居の有無と「兄弟関係」の平等性の関係で、家族類型を４つに分類しています。[10,11]

・**外婚制共同体家族**：権威主義的、結婚した子どもが親と同居、遺産相続での兄弟の扱いは平等。（ロシア、中国など）
・**直系家族**：権威主義的、結婚した子どもが親と同居、遺産相続での兄弟の扱いは不平等。（日本、韓国、ドイツなど）
・**平等主義家族**：結婚した子どもは親と別居、遺産相続での兄弟の扱いは平等。（フランス・パリ盆地、スペイン中部など）
・**絶対核家族**：結婚した子どもは親と別居、遺産相続での兄弟の扱いは不平等。（イングランド、北アメリカなど）

韓国の家族は日本やドイツと同様に、「直系家族」に分類されます。父親の権威が絶対的で結婚後も親と同居、兄弟では長男だけが優遇されます。最近では、韓国も日本も核家族化が進んでいますが、直系家族的な価値観は、今も強固に残っています。

なお、直系家族制が多い国では権威を重視する人が多く、秩序と安定を好む。そして、自国民を中心にものごとを考える傾向があり、ファシズムに陥りやすいことを、トッドは指摘しています。そして家庭内では、権威を持つ父親が尊敬され、その秩序を乱す人は嫌われるのです。

韓国ではありえない日本のおかみさん文化

日本では、旅館や料理屋の女主人、あるいは一般家庭の主婦を「おかみ（女将）さん」と呼ぶことがあります。これはもともと、権力者や身分の高い人を呼んでいた「お上」から派生した言葉です。

つまり日本には、女性を敬う文化が昔から根付いているわけです。

一方韓国では、男性、特に一家の主である夫の権威が高いのに対し、女性の立場は実に弱いと言えるでしょう。地位が低いだけではありません。女性は伝統的に不浄な存在とされ、今でも女性の不浄を忌み嫌う風潮や習慣が根強く残っています。

それが浮き彫りになるシーンは、『82年生まれ、キム・ジヨン』の中にもあります。ジヨンがベビーカーを押して街を歩いていると、店先で女性客が店主に「私が最初の客？」と聞くところに出くわす場面です。女性客には「不浄な女性である私が最初の客になったら、店に申し訳ない」という意識があり、それで店主に尋ねたわけです。

少し前までの韓国では一般的なことでしたし、今でも年配の女性なら、朝一番に人の家を訪問したりしませんし、転居や入学などの門出を迎える人に悪い影響を与えないよう接触を避けたりもします。

私が来日して日本の会社でアルバイトをしていたときのこと。取引先の社長に急ぎの電話をかけなければなりませんでしたが、始業時間の9時になってもまだ電話ができません。私の電話がその日の一番目にならないようにしたかったからです。9時20分が過ぎた頃「そろそろかけても大丈夫でしょうか」と聞くと、私の会社の社長から「日本人は、朝一番の電話が女性からだとうれしいものだよ」と言われ、とても驚いたことがあります。

それでも、今もその感覚は抜けきれず、デパートなどのお店に入るときは、朝一番目の客にならないよう知らず知らずのうちに気を遣ってしまいます。

さらに、男性が大事な用があって出かける途中、女性に前を横切られた場合、女性の穢れを払うためつばを3回吐くこともありますし、新年最初に会う人物が女性であれば、その年の運は最悪だと考える人もいるほどです。

私は日本のテレビで、韓国の働く女性を特集した番組を見たことがあります。その番組が取り上げていた中に、女性カメラマンがいました。その人は腕も良く頑張り屋だったのですが、ある結婚式を撮影しようとしたところ、どうしても会場に入れてもらえませんでした。女性カメラマンを入れると神聖な結婚式が穢れてしまうというのが、拒否した側の言い分でした。その気持ちが私はよくわかります。

若くて未婚の女性に対しては、不浄という意識も多少は和らぎますが、中高年以上の女性に対しての不浄意識はとても強いです。

例えば韓国の高級レストランで中高年以上のウェイトレスを目にすることはあまりありません。来店客の中に「中高年女性が持ってきた料理など食べたいと思わない」と感じる人がいるため、彼女たちを厨房などの目につかない場所に配属するからです。

私も日本に来たばかりの頃、中高年女性がレストランなどで表に立って働き、食事を出すのを見てたいへん驚きました。日本人からは、「中高年女性の方には安心感と信頼感が持てる」と言われましたが、長年、その感覚が理解できませんでした。今ではすっかり私も、その方が安心感とおいしさを感じられるようになっています。

日本では、子ども（新しい命）を産み育てるという自然に近しい存在としての女性の威力を尊崇する信仰のようなものが存在します。こうした考え方が、女性が年をとっても活躍できる社会につながっているのだと思います。

余談ですが、映画の中で女性客が「私が最初の客？」と尋ねた後、店からは店主の娘が出てきます。その娘は華やかなコートを着て、胸を張って堂々と歩く、キャリアウーマン風の女性です。韓国の古い価値観を象徴する商店から、現代の価値観で生きる若い女性が登場するシーンは実に鮮やかな演出だと感じました。

韓国人の心を支配する「恨《ハン》」の感情

ジヨンは映画の中で何度か、憑依症状を起こしています。なぜジヨンに憑依症状が起きるのかは明らかにされていませんが、私は原因の一つに、韓国人の心を支配する「恨《ハン》」があると考えています。

「恨」は、日本語でいう「恨み」とはニュアンスが違います。日本の「恨み」は、誰かにひどいことをされたことに対して腹を立てたり憎んだりすることです。感情としては比較的シンプルだと言えるでしょう。これに対して「恨」は、もっと動的で複雑な感情です。自分を虐げてきた者に対するうらみつらみや妬み、それに対して長らく何もできなかった自分への無力感、そして、そこから解放されたいと願う熱望が渾然一体となっているのです。

また、「恨」はシンプルな感情にとどまらず、未来につながるエネルギーを生み出す原動力でもあるのです。

韓国人は「恨」をバネに生きようとします。国家レベルなら、「我が民族はこれまでに他国の侵略を受けるなどし、つらい歴史を歩んできた。しかし、くじけることなく耐え忍んだおかげで、今日の経済的繁栄を手に入れた」ということになります。

また個人レベルなら、「これまでの人生は挫折が多くて思い通りにはいかなかったが、雪辱を果たしたいと頑張ってお金持ちになれた」などとなるのでしょう。こうして生きる中で「恨」を解消することを、韓国人は「恨をほぐす」と表現します。

韓国人にとって、「恨」とは生き方そのものと言えます。現状に不満を持ち、それに反発して戦おうとする力が、前に進むエネルギーになっているわけです。逆に言えば、「恨」がないと生きる力がわいてこないのです。

韓国は日本に対し、慰安婦問題や徴用工問題、日本による侵略の歴史などを持ちだしては幾度となく責め立ててきました。その裏側にも、「恨」が潜んでいるのです。そして韓国は、日本に対する反発心をバネにして発展してきたとも言えます。

ちなみに、韓国の国花は「ムクゲ」です。韓国語では「無窮花（ムグンファ）」と呼ばれる広葉樹で、木の高さは3～4メートル程度に育ちます。韓国で最高の勲章が「無窮花大勲章」とされているほど、大切にされている花です。

ムクゲの花は、わずか1日でしぼんで落ちてしまいます。しかし木にはたくさんの花が咲き、咲いては落ち、咲いては落ちを繰り返して、春の終わりから秋まで粘り強く花を咲かせます。生命力も強く、ちょっとやそっとでは枯れたりしません。

ムクゲの枝は硬いことでもよく知られています。私は素手で折ろうとしたことがありますが、全く折れませんでした。枝も、きわめて粘り強い性質なのです。

これはまさに、韓国人の好きな生き方そのものです。つらい環境でも粘り強く生きるムクゲの姿に、韓国人は深く共感します。ぱっと咲いてぱっと散る、散りぎわもはかなく美しい桜を愛する日本人とは対照的です。

韓国女性の息子への執着と嫁姑問題

最近の韓国では核家族化が進み、個人主義的な風潮も強まってきました。それに伴い、チェサをおろそかにする家族が増えていますし、親の誕生日などに兄弟や孫などが集まる機会も減っています。それでも、親戚一同が集まる機会は日本よりずっと多く、そのたびに嫁は気が重くなります。特に、多くの人を接待しなければならない「長男の嫁」は、周囲から厳しい目でチェックされます。また、夫の両親がどちらも生きている間は別々に暮らしていても、どちらかが亡くなって親が一人になったら、長男夫婦と一緒に住むのが当たり前という慣習が、韓国社会には根強くあります。

さらに韓国の女性は、息子に対する執着心がことのほか強いのです。息子が結婚したばかりの女性から、「これまで大事に育ててきたのに、よそから来たわけのわからない女に息子を取られてしまった！　悔しい！」と涙ながらに聞かされたことは、一度や二度ではありません。

韓国で最近有名なある神父さんがユーチューブ（YouTube）で「親が自分を犠牲にして子どもをいい大学に行かせるために並々ならぬ苦労をしても、苦労しただけ子どもが親孝行をするかといえばそうじゃない。キツネのような女性（世渡り上手で男心を振り回す小悪魔的な女性）に息子をとられてしまう」と話していました。いい大学に行って良い仕事に就けば就くほど、八方美人な女性の手玉に取られるだけで親孝行などできなくなるんだから、無理をしてまで子どもをいい大学に行かせることはない、と盛んに言っていたのです。

また、息子の食事を嫁に作らせず、自分で用意する姑の話もよく耳にしますし、中には息子夫婦の布団まで敷こうとする姑がいたと聞いたこともあります。嫁をいたわる気持ちがあるのかもしれませんが、嫁の側からすれば傷つき、苛立つことばかりです。

これらの行き過ぎた行動を、「愛情」だと強弁する姑もいます。でも私には、「愛情」のような良い感情だとは思えません。百歩譲っても、それは「愛着」とでも呼ぶべき存在です。もっと言えば、「執着」の方がより適切な表現でしょう。

姑の中には、自分自身が嫁としていじめられてきたという人もいます。そして自分が姑になったときに、自分の嫁をいじめるという負の連鎖に陥ってしまうのです。また、最近では少子化で息子が1人しかいないことが多く、母親の執着心はますます強くなっています。今後はさらに、嫁姑のトラブルが増えていくのかもしれません。

昔の韓国では、結婚する娘を送り出すときに母親が、「聞かざるで3年、言わざるで3年、見ざるで3年、そうして木石と化し、世間を知らない女になってこそ幸せの道がある」と言い聞かせたものでした。姑からどれほど厳しく接せられても、見て見ぬ振り、聞いて聞かぬ振りをし、反論しないことが大事だということです。

現代の若い女性は、こうした価値観からかなり解放されていると思いますが、姑の世代はそうではありません。そして韓国では今も、嫁姑問題が絶えることなく起きているのです。

嫁を悩ませる「名節シンドローム」

韓国人女性の間では、「名節シンドローム」といわれる症状がよく話題に上ります。「名節」とは、陰暦に基づいて祝われる年中行事です。既に触れた秋夕（チュソク）と旧正月（ソルラル）が代表格で、他にも、１年の最初に訪れる満月を祝う「小正月（テボルム）」、5月5日の「端午（タノ）」、7月7日の「七夕（チルソッ）」、8月15日の「秋夕（チュソク、旧暦のお盆）」、11月の「冬至（トンジ）」など。以前はたくさんの名節が行われていました。１９８０年代からは各地域で簡略化が進み、現在は、旧正月とお盆が大々的に行われ「民族の大移動」と言われるほど国民の名節となっています。

名節以外の各家の行事として、チェサがありますが、４代まで遡って各先祖の命日に親戚が集まって先祖供養を行います。宗家ともなれば、年間数十回にも及ぶ場合もあります。現代では親族が外国など遠く離れて住むケースも増え、現実的に無理なので、先祖の霊をまとめて共同で行うことが増えています。

それにしても、このような家族が集まる年中行事は、韓国では最も重要視されており、親戚が集まる機会がとても多いのです。日本では、地域のお祭りなど非血縁同士の行事も盛んですが、韓国の年中行事はとにもかくにも、親戚同士の集まりとなります。

こうした行事は韓国の嫁にとって、まさに頭痛の種です。夫の実家に行って姑に指示されながら、先祖のお供え物だけでなく、親戚一同に出す料理を大量に作らなければなりません。

親戚が集まると各自の自慢話が始まります。息子がいればそれだけで誇らしく、逆に息子のいない嫁にとってこの集まりは大変気が重いものです。その際必ずといっていいほど集まった親戚から、子どもを産め、子どもを良い学校に入れろ、などと圧力をかけられるので、嫁たちは強烈なストレスを感じるわけです。

このような行事の時期が近づくにつれ、憂鬱になったり体調を崩したりする嫁が韓国にはたくさんいて、最近では大きな社会問題となっています。また、このような行事で嫁が嫌な思いをしたのがきっかけで夫婦関係にひびが入り、離婚に至るケースも珍しくありません。ある新聞社の報道によれば、２０１８年、旧正月のあった１月の離婚申請件数は約９０００件でした。[12] ところが、翌月の２月には１万１０００件以上の離婚申請があったのです。同じ傾向は他の名節でも現れていて、秋夕のあった９月に約９０００件だった離婚申請件数は、翌10月には１万２０００件以上に増えています。おそらく、もともと不仲だった夫婦が名節でもめ、そこから離婚に至ったケースも多いのではないでしょうか。

２０２２年には、秋夕を目前にした釜山で名節シンドロームが原因の事件が起きています。[13] 60代の女性が夫に「名節のお供え料理を準備するのはもうやめよう」と言い、拒否した夫と口論になったあげく、夫を刃物で刺したのです。女性は逮捕されましたが、世間の女性からは犯人に対し、同情する声が多数上がったのだそうです。

『82年生まれ、キム・ジヨン』でジヨンに初めての憑依症状が起きたのは、まさに秋夕のときでした。たくさんの料理を作り、膨大な後片付けが残っているのを目の前にしてストレスを感じていたジヨンは、義母からの嫌みで感情が爆発してしまったのかもしれません。それくらい、名節シンドロームは嫁にとって深刻な悩みなのです。

韓国の養子は血縁者からしか選ばない

映画の中で、出産前のジヨンは義母たちから、ことあるごとに子どもを産めと言われていました。

合計特殊出生率が0・78に落ち込んだ今も、出産を迫られるプレッシャーは韓国人女性にとって重荷になっています。特に、男児を望む空気は相当に強いのです。

私が日本に住みはじめたのは1983年です。その頃、周囲に「生まれる子どもは、男の子より女の子の方がいいね」「1人だけ産むなら女の子ですよ」などと話す日本人がたくさんいて、本当にびっくりしたのを覚えています。子どもを1人だけ産むなら絶対に男の子、というのが、韓国人の感覚なのです。

背景にあるのが「血」の捉え方の違いです。

第二次世界大戦後に民法が改正されるまで、日本には「婿養子」という制度がありました。これは結婚すると同時に、夫が妻の親と養子縁組をするもので、男性の跡継ぎがいない名家でしばしば行われていました。

将来有望な男性に目をつけ、自分の娘と結婚させて一族に取り組むというやり方は、近代日本にとってかなり有効だったのではないでしょうか。特に、当主の能力が家の盛衰に直結する商家にとっては、優秀な後継者を確保するのに役立っていたと思います。その結果、日本には創業から数百年も生き続けている企業がたくさんあります。

民法改正によって、婿養子の制度は廃止されました。しかし今でも、結婚して「婿養子」と呼ばれている人はたくさんいます。いわゆる漫画「サザエさん」の「マスオさん」状態で、妻の実家で暮らしたり、妻の実家の家業を支えたりしているのです。これは韓国人にとって、きわめてわかりづらい概念です。

私が日本に来て間もない頃、年配の日本人男性から「実は私、婿養子なんですよ」と聞かされたことがあります。その人は血縁関係が全くない家に婿として入ったというのです。私は全く理解できず、何度説明を聞いてもピンとこなかったのを覚えています。

なぜなら韓国にも養子の制度はありますが、血縁が全くない人を養子にすることはないからです。例えば、息子が1人もいない家が養子を迎える場合は、血縁関係のある親戚、それも、父方の親戚から探します。例えば、父親の男兄弟に2人以上の息子がいた場合、弟の方を養子にするわけです。母方に優秀で血縁関係も近い男性がいたとしても、養子に選ばれることはありません。そのせいか、韓国の商家はせいぜい3代しか続かないのです。

こうした事情をご理解いただくために説明したいのが、「本貫《ほんがん》」という概念です。本貫とは、父系の先祖の発祥地によって分けたものです。本貫が違うということは、男子単系の血脈で構成された血縁集団「宗族」が違うことを意味します。

日本には10万~30万種類の姓があると言われます[14, 15]。中でも多いのは佐藤、鈴木、高橋などですが、どれも全人口の2%にも及びません。これに対し、韓国には250種類弱の姓のみが存在しています。中でも金、李、朴、崔、鄭の「五大姓」が突出して多く、金は全人口の22%、李は15%程度もいるという調査もあります[16]。そのため、姓だけで血縁かどうかを見分けることができず、それで姓と本貫を組み合わせることで、同じ血縁集団に所属しているかどうかを見分けていたのです。例えば、慶州で形成された宗族に属する金さんは「慶州金氏」と呼ばれますし、金海で形成された宗族に属する金さんは「金海金氏」と呼ばれます。

第3章で採り上げる韓国ドラマ『愛の不時着』の中でも本貫の話が出てきます。韓国に住むユン・セリが「私はヘジュ・ユン氏」、北朝鮮に住むリ・ジョンヒョクが「僕はチョンジュ・リ氏」と互いに言い合うシーンがあります。これはヘジュ（海州：北朝鮮の地名）のユン（尹）氏、チョンジュ（全州：韓国の地名）のリ（李）氏という意味で、本貫の地名が互いに今住んでいる国と逆だったのです。

姓と本貫が異なる人は、韓国人にとって「ヨソモノ」です。血縁を非常に大事にする韓国人にとって、ヨソモノを養子にして家を継がせることなど思いもよらないことです。

男系の血縁を大事にするがゆえに起きた悲劇もあります。

韓国では、子どもを産めないことを理由に女性が離婚されたケースがたくさんありました。私の女友達にも、とても仲がいい夫婦だったのに、結婚してからずっと子どもができなかったために自分から離婚を申し出た人がいました。

また、妻が子どもを産めないため夫が外に愛人を作って子どもを産ませるケースも、以前は一般的でした。特に経済的に余裕がある人は、堂々と愛人を持っていたものです。しかし、妻には子どもを産めない引け目があるため、抗議することもかないません。その上、周囲も愛人に子どもを産ませる夫を非難するどころか、「息子を拾ってきて偉い」などとほめたたえたものです。

韓国の、イ・ミジャという有名な演歌歌手（日本の美空ひばり的存在）が歌った『女の一生』は、戦後長い間、韓国で大ヒットし、多くの女性の共感を呼んだものです。女性として生まれたことがいかに不幸だったかと歌い上げた曲で、多くの女性たちはこの歌を口ずさみながら、自分たちを慰めたものです。

今でこそ韓国でも男女平等が進みつつありますが、少なくとも10～20年くらい前までは、女性、特に息子を産めない女性の立場は悲惨なものでした。

最近まで同姓同本婚を禁止していた韓国

韓国では2005年まで、「同姓同本婚」を民法で禁止していました。姓が同じ（＝同姓）で、本貫も同じ（＝同本）人とは結婚ができなかったのです。例えば、

２０１５年に放送された韓国ドラマ『恋のスケッチ～応答せよ１９８８～』では、同姓同本だったカップルが周囲から結婚を反対される様子が描かれています。

本貫のシステムは社会の根幹に儒教をおくもので、14世紀に建国された李氏朝鮮の時代から始まりました。

儒教の基本的徳目に「孝」というものがありますが、これは日本とはかなり違います。日本で「孝」と聞くと、一般的には親孝行を連想するでしょう。しかし韓国の「孝」は両親だけでなく、祖先に対してのものでもありますし、さらに、結婚して家系を継ぐ男の子を産んで血筋を未来へとつないでいくことまで含んでいます。儒教の教えを今も尊重している韓国では、先祖から子孫へと血をつないでいくことが、非常に大切なことにされているのです。

さて、同姓同本婚の禁止は、韓国の男女関係に大きな影響を及ぼしてきました。韓国では初対面の男女同士が自己紹介するとき、相手の姓が自分と同じだとわかると、異性としての意識がさっと薄れてしまいます。「この相手とは結婚できない」と考えてしまうからです。

以前の民法でも、本貫が異なれば同姓の相手との結婚は可能でした。それでも、多くの韓国人は本能的に同姓の相手に対して恋愛感情を持つことに対し「獣に等しい」と感じてしまいます。過去のどこかで血縁関係にあった人と結婚することを、避けようとする心理が働くのです。

民法改正によって戸籍制度が廃止となり、家族関係登録制度に変わり、同姓同本婚の禁止条項が廃止されて以降、姓や本貫が同じ男女でも結婚できるようになりました。しかし今でも、同姓同本の異性を避ける風潮は変わらず、家族の反対から正式な結婚ができないままやむを得ず同棲しているカップルも結構います。2021年3月から生まれた子どもは、未婚夫の子どもとして登録できるようになりました。

同姓同本婚を禁止する法律が廃止されたのは2005年でしたが、それより前の1997年、憲法裁判所はこの条項を憲法違反だと断じています。

ここでも1997年は、すべての韓国人にとって大きな意味を持った年になっていると言えます。

「結婚できないことほど惨めなことはない」という考え

ジヨンは何度か、憑依症状を起こしています。秋夕に夫の実家で膨大な家事をこなして疲れ果てていたときは、実母ミスクが憑依して「うちのジヨンを実家に帰してください」と言いだしました。また、パン屋のアルバイトを夫から反対されたときは、ジヨンと夫の共通の知り合いが憑依して「ご苦労さま、ありがとうと言ってあげて」と話しています。心に強いストレスがかかったとき、何かの弾みでジヨンは憑依症状を起こしています。

そして映画の後半、ベビーシッター役を引き受けると申し出た母ミスクに対し、ジヨンは憑依症状を起こします。そして母に「あなたが子どもの頃、ミシンの仕事でケガをしたときに抱きしめてあげられなくてごめんね」と声をかけました。ジヨンに祖母が憑依し、若い頃に苦労をした母ミスクをねぎらったわけです。

おそらく、母の苦労と現在の自分の苦しさを重ね、母に対して優しい言葉をかけたくなったのでしょう。そしてこのとき、母はジヨンの病気に気づき、泣きながらジヨンを抱きしめたのです。この映画の、屈指の名場面だと思います。

私は心理学者ではないので、ジヨンの病状がどのようなものなのかはわかりません。ただ、韓国には憑依と似たカテゴリーの概念があります。それは「霊魂」と呼ばれるものです。

儒教の世界には、キリスト教や仏教のように、天国や極楽、地獄などという「死後の世界観」がありません。「いかに死なずにこの世に永遠に生き続けることができるか」といった現世へのこだわりだけがあるのです。

古い民間儒教の霊魂観では、亡くなった父の霊は再度この世に戻ってきて息子に憑依し、この世で生き続けると考えられていました。一族の霊は息子から息子へ伝わって、この世に永遠に生き続けるものです。ですから、娘を生んでも何の価値もないという価値観が根強いのです。

韓国で息子を生み、祀ってもらうことは、夫や自分が死なずに、あるいは先祖の霊をこの世に生かし続けるために、何よりも重要なことです。それができなければ、霊は行き場を失って、この世に彷徨《さまよ》いながら人々を苦しめるのです。ちなみに、女性は先祖の祭祀を行うことができません。

それゆえ息子を生むことがいかに大切で祭祀を行うことがいかに大事なのか。したがって、息子を生めない女性は大罪を犯したも同然となるのです。

さて、韓国では「結婚できないことほど惨めなことはない」とよく思われます。結婚せずに死んだ場合、その魂は悪霊となりこの世を彷徨います。ですから、「処女鬼神ほど怖いものはない」と昔からよく言われてきたものです。その恨みは男性より、女性の方が圧倒的に激しいというのです。

処女とは未婚の女性を指し、独身のままで亡くなった女性の恨みは、鬼神のような恐ろしい威力を発揮するというわけです。子どもを産めないまま亡くなることになり、死後に自分の霊魂を弔ってくれる人がいなければ拠り所もなくこの世を彷徨い、周りの人々に苦しみを与えることになります。

しかもこうした独身女性の霊魂は、男性、中でも地位の高い男性に取り憑くと言われています。そして取り憑かれた本人や家族はもちろん、その人が生まれ育った地域にまで不幸をもたらすとされているのです。

では、未婚女性が亡くなったとき、その霊魂をどうやって鎮めるのでしょうか。まず行われていたのは、亡くなった未婚女性の墓に、男性の靴や男性のシンボルをかたどったものを入れることでした。男性に由来するものを一緒に埋葬することで、結婚できなかったという恨みを慰める意図があるのでしょう。また、とげのある木の枝を入れることもあり、これは霊魂が墓から出て災いをもたらすのを防ぐためだとされています。

しかし、こうした対策を施しても、霊魂を完全に鎮めることはできません。そこで行われたのが、「死後の結婚」でした。独身のまま亡くなった男女を引き合わせ、霊魂の状態で結婚式を行うのです。

こうした儀式は韓国固有のものではありません。古代ギリシャでは死者同士を結婚させる神事が行われていたそうですし、フランスでも生前に結婚の意思があった男女に対し死後の結婚を認めているという記事を読んだことがあります。また、中国や台湾でも類似の行事があるそうです。

日本では青森県や山形県で、こうした行事の例があります。ただし、人形を寺に奉納して霊魂を慰めるという比較的ライトなやり方です。

これらに対し、韓国の「死後の結婚」はかなり本格的です。亡くなった男女の形をした案山子や人形を作り、生きている人と同じような結婚式を執り行います。しかも、親戚一同が集まって盛大な宴会を行うこともあるのです。

これは単なる行事ではありません。結婚式の後に婚姻届を出すことで、女性は男性の戸籍謄本に載るのです。また場合によっては、式の後で新婦の墓から遺骨を取り出し、新郎の家の墓に埋葬し直すこともあります。

その後、親戚から血のつながっている人を養子にし、その子に財産を分け与え、亡くなった父母のチェサを行うのです。

さすがに今は行われる機会が減りましたが、私が生まれた済州島などの南部地方では、今も少なからず行われています。

実は私も、死後の結婚式に参列したことがあります。私の兄は22歳のときに亡くなったのですが、死後、やはり若くして亡くなった近隣に住む女性と死後の結婚を行いました。韓国にある私の戸籍謄本を見れば、そこには一度も会ったことのない義姉の名前が書かれています。

子どもが少ない現在ではこの制度は無理があり、私の亡き兄のところに入る養子など親戚中にいません。その夫婦のチェサを誰が行うのか、いつも口論になっています。

女性の社会進出で浮気大国になった韓国

小説では、ジヨンの父が仕事を退職した後、退職金を元手に事業を興したことが描かれています。

父が最初にやろうとしたのは、中国との間で行われる貿易業務に投資することでした。ところが、ジヨンの母はこれに大反対します。父は結局、当時大はやりだった鶏肉と野菜などを甘辛く煮込んだ料理「チムタク」の店を開きますが、大した利益はでないまま閉店。続いてフライドチキン店やフランチャイズのパン屋を開くも、どちらも失敗に終わりました。

一方、母には商才があったようで、不動産投資で利益を出したり、フランチャイズのおかゆ店を開いて売り上げを伸ばしたりしました。その結果、母の収入はかつての父の収入を大きく上回るようになり、店の近くにあるマンションを買えるほどになったのです。

ＩＭＦ経済危機は韓国人にとって、本当に厳しい出来事でした。しかし、社会が大きく変化する中で上昇気流に乗れた人もいたのです。特に、それまで虐げられていた女性にとっては、解放への絶好の機会となりました。ジヨンの母は、そのチャンスをつかんだ一人だったのでしょう。

ジヨンは１９８２年生まれですから、ＩＭＦ経済危機のときには15歳でした。そういう多感な時期に、母が起業家としてビジネスをして成果をだしている姿を見ていたわけです。当然、「女性でも努力と能力があれば、男性と同じように仕事をしていける」と感じたことでしょう。

それだけに、就職後にあからさまな女性差別を受けて昇進が遅れていたジヨンには、大きな不満があったはずです。また、ジヨンが出産して専業主婦になった後、もう一度社会に戻りたいと考えたときに、子どもを預けられるベビーシッターが見つからず断念せざるを得ませんでした。これも、女性の自己実現を阻む韓国社会への歯がゆさを感じさせたはずです。

女性がこの映画を熱烈に支持した理由には、こうした「女性ならではの生きづらさ」

に対する共感があったことは言うまでもありません。

男が職を失ったことで、働き口を求める女性は増えました。ただ、韓国経済が大きく落ち込む中、女性が職を得るのは簡単ではありませんでした。そこで彼女たちの受け皿になって大きな役割を果たしたのが「ノレバン」でした。これは、「歌（ノレ）」と「部屋（バン）」が組み合わされた言葉で、要するにカラオケ部屋のような店です。

従来のノレバンはカラオケがメインのサービスでした。ところが1997年以降は、働き口を求める女性たちを接待役にした店が増えました。スナックやバーで働く女性には、若さが求められます。しかしノレバンのような店なら、ある程度年齢のいった女性でも接待役が務まるのです。それでノレバンは、かつて専業主婦だった女性の貴重な仕事場になったわけです。

ノレバンは、女性の意識を変える場にもなりました。それまでの女性は家庭にしばられ、外の世界を知らないまま生きていました。ところが、毎日着飾ってノレバンで働くうちに、世の中には夫以外にも素敵な男性がたくさんいると知るのです。また、韓国の男性は見栄っ張りで外面がよく、彼女らの前ではお金持ちのふりをするので、世間知らずだった元専業主婦の女性は、この男性と一緒にいれば、今の夫と過ごすよりいい生活ができるのではないかと夢を見てしまうのです。

その結果、ＩＭＦ経済危機以降の韓国では、女性が浮気をする「浮気大国」になりました。世界が広がった女性たちは、「今までの自分はなぜ、家庭のために犠牲になっていたのだろうか。夫や子どものために尽くすのではなく、自分のために生きる方がいいのではないか」と思いはじめ、すべてを捨てて男と一緒に逃げてしまったという話がたくさんありました。

日本では徐々に離婚率が高まっており、今では3組に1組の夫婦が離婚するとも言われています。それでも、日本はまだマシで、韓国での離婚率は今や50％近くと言われています。ＩＭＦ前は、離婚というのは芸能人か特別な人がするものでしたが、現在の韓国ではごく普通の出来事になっているのです。

離婚女性への偏見はいまだに強い

ＩＭＦ経済危機によって働く女性が増え、それが離婚率の急増をもたらしました。

ただ、離婚することが普通になったとはいえ、離婚女性に対する偏見が消えたわけではありません。韓国には今も、離婚女性に冷い風潮があります。

特に、離婚女性に対する男性からの視線は、依然として厳しいと言えます。プロ野球選手のチョ・ソンミン（趙成珉）さんと人気女優のチェ・ジンシル（崔真実）さんのケースは、その典型でした。

チョ・ソンミンさんは、アマチュア時代から高い実力を発揮していたピッチャーでした。1995年には日本のプロ野球界入りし、読売ジャイアンツで活躍しました。2000年には、チェ・ジンシルさんと結婚しましたが結婚前から右肘を故障し、期待されたほどの成績は残せませんでした。

そして2002年、記者会見を開いてチェ・ジンシルさんと離婚したいと発表しました。

離婚の理由に関しては、明らかになってはいませんが、チョ・ソンミンさんはチェ・ジンシルさんに対する暴力容疑で逮捕されてもいます。また、チェ・ジンシルさんの親族に借りたお金が返せず、裁判沙汰になったとも報道されました。それらの情報を総合すると、非はチョ・ソンミンさん側にありそうです。

そうした事情があって、チェ・ジンシルさんは２００３年、離婚調停を申し立てました。それから苦労の末、２人の子どもに対する親権と養育権を獲得しています。不利な条件を受け入れようやく離婚できたチェ・ジンシルさんに世間は冷たく、知人俳優との金銭トラブルに関するネットの悪質な書き込み等でもさらに苦しみました[17]。韓国社会は、離婚した女性に厳しい目を向けがちなのです。チェ・ジンシルさんは離婚後、心のバランスを崩してしまったと言います。そして２００８年10月、彼女は自殺してしまいました。当時は、うつ病になって精神安定剤を服用していたとも報道されています。

彼女を自殺に追い込んだ原因は、私にはわかりません。ただ、その一つは離婚女性に対する冷たい仕打ちではなかったかと思えてなりません。

ストーカーと積極性が紙一重の恋愛観

ジヨンは高校時代から、セクハラの被害を受けていました。バスや地下鉄の中で、男性から身体を密着されたり手を伸ばされたりしたことは何度もありましたし、女子生徒のお尻を叩いたり背中をなでたりする男性教師すらいました。そして、高校とは別に通っていた予備校からの帰りが遅くなったある日、ジヨンは同じ予備校から後をつけてきたらしき男子生徒に追いかけられます。一緒のバスに乗っていた女性が機転を利かせてジヨンに声をかけ、ジヨンは窮地を逃れることができました。

ところがジヨンから連絡を受け、バス停まで迎えに来た父は、男子生徒から逃れた直後のジヨンに向け、「スカートが短いからだ。気をつけろ」と言います。父は男子生徒を責めたりジヨンを気遣ったりするより先に、ジヨンに隙があったのではないかと言いだしたのです。性被害を受けた女性を責める態度の裏側には、やはり男尊女卑の考え方が潜んでいます。

また韓国では、男は強引に女性を誘うべきだという考え方も根強くあります。韓国には、「十回打って倒れない木はない」ということわざがあります。高嶺の花で、男性の口説き文句に簡単にはなびかない女性でも、しぶとく口説くうちにいずれは折れるという意味です。

韓国の女性は基本的に、男性から一度や二度誘われたくらいで首を縦に振ることはありません。男に誘われたら、まずは断ります。あなたの誘いなんて本当に嫌だ、あなたのことが大嫌いだという態度を見せ、徹底して無視するのです。場合によっては「変態！」などと口汚い言葉を口にすることもあります。

別に、韓国女性が特別、身持ちが堅いというわけではありません。ただ、「男の誘いに簡単に乗るのは、女としての誇りを持たない安っぽい女性」という意識があるのです。こうした先入観を持っていたせいで、私も日本にやってきた直後に、素敵な男性からの誘いを袖にして失敗したことが何度もありました。

例えば、ある日本人男性からお茶に誘われたとき、私は内心嬉しかったにもかかわらず、つい「今日は忙しいのでお断りします」と返事をしてしまいました。そして別の日に誘われたときも、私は再び断ったのです。私としては、彼から3度目のお誘いがあるものとばかり思っていました。ところが彼は私を遠ざけ、再び誘うことがなかったのです。

後になっていろんな人に聞いてみると、日本人男性は2回以上、誘わないのが普通だと聞き、大いに後悔したものです。

とにかく、男性から口説かれても、最初のうちは断るのが韓国人女性の常識です。

男性側もそれを知っていますから、断られても諦めずに何度も口説いてくるのです。そして女性は何度も誘われるうちに情がわき、「私の事をそこまで思ってくれるのなら……」と受け入れるのが、韓国におけるお決まりの恋愛パターンです。

ですから、韓国人男性はとにかく積極的です。そして、相手の女性が演技ではなく本気で嫌がっていたとしても、それに気付かずアタックを続けることがあります。つまり、ストーカーのように女性につきまとってしまうわけです。

20年近く前、ソウル在住の日本人女性と話をしたことがあります。彼女は独身時代、韓国の大手企業で日本語教師として働いていたのですが、生徒である男性社員から猛烈なアプローチを受けました。その気はないと丁重に断りましたが、彼の誘いは止まりません。毎日頻繁に彼女に対して「会ってくれないなら死ぬ」などと繰り返すのです。仕方なく無視すると、今度は女性の行く先々に現れました。

そして最後には、女性が住むマンションの前にひと晩中立つようになったのです。警察を呼ぶといったんは立ち去るのですが、警官の姿が見えなくなるやいなや、再びマンション前に現れることを繰り返しました。「私には恋人がいるから」と言っても、全く動じません。

結局、その男性は女性の前でプロポーズをしたそうです。恐怖を感じた女性は会社を辞めて日本へ帰ってしまいましたが、それでも日本にまで追いかけて来たというのです。

その当時の韓国には、ストーカーという概念がなく、男性が女性を熱烈に口説き、追い回すのは犯罪でも何でもない普通のこと。それが、韓国の常識でした。

自分が振られたことを認めない韓国男性

韓国男性は好きな女性に対し、猛烈なアタックをします。ところが、何年か付き合っていざ別れることになると、今度は自分から相手を振ろうとします。

相手の気持ちに気付かず、ある日突然捨てられてしまったとしても、韓国人男性は普通、その事実を認めようとしません。そして周囲に「あの女性は俺から振ってやったのさ」と言いふらします。それは周囲に対して自分のプライドを守るだけでなく、そう言うことで自分自身をだまし、心の傷を小さくしようとしているのでしょう。

離婚したときも同様です。韓国人男性は離婚した後、必ず「女房が逃げた」と主張します。彼はおそらく、「悪い奥さんでしたね。あなたは悪くありませんよ」という返事を期待しているのです。

これに対して日本人男性は、自分より別れた女性をかばいます。

彼女と別れたときは「彼女に振られた」と言いますし、離婚したときは「女房に逃げられた」と言うわけです。「もしかすると、この男性が浮気などをしたせいで離婚したのだろうか」と相手に想像させることで、別れた相手が傷つかないようにしているのかもしれません。

何かにつけ「自分が悪かった」と反省しがちな日本人に対し、韓国人は「悪いのは他人で、自分は絶対に間違っていない」との思い込みが強いです。そうした考え方があるため、韓国人は人の都合より自分の欲望を優先してストーカーになりやすいのかもしれません。

「#MeToo」がブームに

現代の韓国では日本などの影響を受け、ストーカーは悪いことだと捉えられるようになり、セクハラ防止への意識も高まっています。映画『82年生まれ、キム・ジヨン』の中でも、ジヨンの夫とその同僚がセクハラ研修を受けるシーンがありますが、今では大企業を中心に、セクハラ防止への対策が進められています。

その流れをさらに加速したのが、２０１０年代後半から活発になった「＃ＭｅＴｏｏ」の動きでした。これは、セクハラや性的暴行などの体験をＳＮＳなどで共有することで、被害の撲滅を目指す活動です。男尊女卑でセクハラが日常的に行われていた韓国でも、２０１８年頃からさまざまな分野で告発が行われ、議論が活発にされています。

ここ数年、「＃ＭｅＴｏｏ」による告発で地位を追われた政治家や会社経営者は枚挙にいとまがありません。女性が男性にお尻を触られることは、韓国社会に定着していたことで、以前はそれほど問題視されていなかったのですが、今では少しでもセクハラされたとなれば、声を大きく上げる女性が増えてきました。社会が大きく変わったと言える現象ですね。それどころか、それを逆手に利用する女性さえいるほどです。「＃ＭｅＴｏｏ」が政治利用されることはおかしいと私は感じています。

声を上げるようになった韓国女性たち

韓国男性は、女性に対して身勝手に振る舞う傾向があります。それが極端な形で現れたのが、「ソウル江南トイレ殺人事件」でした。

事件は2016年5月、ソウル市の有名な繁華街で、歌手PSY《サイ》の大ヒット曲「カンナムスタイル」でも知られる江南地区で起きました。カラオケバーの男女共用トイレに入った34歳の男性が、たまたま居合わせた23歳の女性を刺殺したのです。犯人は被害者と面識がなく、女性個人への恨みが動機ではありませんでしたが、捜査が進む中で、犯人が女性嫌悪（ミソジニー）に取り憑かれていたことが明らかになったのです。

犯人は過去に、女性に無視されたことが何度もあったと証言しています。また、犯行の数日前に女性から吸い殻を投げつけられたことが、動機の一つだったとも報道されています。とにかく、この犯人は女性一般に対して嫌悪感を募らせ、それで犯行に及んだのです。

韓国では事件後に女性たちが団結し、事件に対する抗議活動を行いました。「＃助かった」というハッシュタグをつけた書き込みが、ツイッター（Ｔｗｉｔｔｅｒ、現在は「Ｘ《エックス》」）やフェイスブック（ｆａｃｅｂｏｏｋ）などのＳＮＳにたくさん投稿されたのです。[18] また、20～30代の女性が自然発生的に集まり、集会やデモに発展したケースもありました。

女性たちをこうした行動に駆り立てたのは、やはり昔から抱えていた生きづらさです。韓国女性は長きにわたり、男性から差別的な扱いを受けてきました。そして今度は、女性というだけの理由で殺されてしまったのです。この事件を契機に、女性の立場を改善すべきだという機運が高まりました。

こうした動きに反発する形で、男性を中心に「アンチ・フェミニズム」に乗り出す人も現れました。例えば、２０２１年に行われた東京オリンピックでは、女子アーチェリー代表として３つの金メダルを獲得したアン・サン選手が、炎上騒ぎに巻き込まれました。彼女が光州女子大学校という女子大に在学していたことや、ヘアスタイルが短髪であったことから、「アン・サンはフェミニストに違いない！」とする人からネット上で攻撃を受けたのです。これに対し、アン選手を擁護するフェミニストが加わって議論が拡大し、お互いに攻撃を繰り返す事態に発展しました。

韓国人女性が今も生きづらさを感じているのは紛れもない事実で、それを改善しようと行動するのは自然なことです。一方で、フェミニズムの動きが急速に広がることに対し、やはり生きづらさを感じている男性の警戒心が増しているのも事実です。「ジェンダー平等」の意識が高まり、女性の社会進出が加速することで、従来の男尊女卑の価値観が急激に崩れ、その処し方に慣れていない男性たちが不安やストレスを抱えるようになっているのも現状です。

『愛の不時着』が流行《はや》ったわけ

小説『82年生まれ、キム・ジヨン』がベストセラーになってから3年後、韓国で『愛の不時着』の放送がスタートしました。

『愛の不時着』がヒットした理由はいくつも挙げられます。38度線を越えた恋愛という、現代版ロミオとジュリエットのような構図。北朝鮮での一般人の暮らしを知ることができてよかったという韓国人も多くいました。

例えば長距離電車が途中で停電になってしまい、数日間、平野の真ん中で止まってしまう。寒さをしのぐため、乗客は電車から降りて薪で暖を取る場面も。おそらく、脱北者らから聞いたたくさんの情報を元につくられた、リアルな表現だと思われます。北朝鮮からの脱出や韓国での逃走劇など、緊迫感のあるアクションシーン。スイスやモンゴルでも撮影したという迫力ある映像。ドラマティックな脚本と、ヒョンビン、ソン・イェジンをはじめとする俳優陣の魅力などなど。それらが渾然一体となって、この作品は輝いているのです。

その中で私が1つ挙げておきたいのが、主役2人の関係性です。

『82年生まれ、キム・ジヨン』は、男尊女卑社会の中で喘ぐ女性の生きづらさを描いた作品です。キム・ジヨンは社会に対して言いたいことも言えず、ただ受け入れるキャラクターとして描かれています。

これに対し、『愛の不時着』でソン・イェジンが演じるヒロインのユン・セリは、自ら行動して道を切り開くタイプの人間です。財閥の令嬢として生まれますが、正妻ではなく愛人の子どもだったため、小さな頃から母や兄から疎外され孤独を感じていました。それでも努力をして仕事の業績を上げ、自らアパレルブランドや化粧品の会社を設立し、成功を手にします。またドラマの後半では、ヒョンビン演じる北朝鮮軍人のリ・ジョンヒョクを守るため、身を挺して銃弾を受けるシーンもありました。これまでの韓国作品では、「強い男がか弱い女を守る」のが定番でしたが、『愛の不時着』ではヒロインがヒーローを守るという新鮮な場面があったのです。

加えてジョンヒョクの方も、これまでの韓国作品とは異なる男性像で描かれています。セリのためにシャンプーとリンス、ときにはキャンドルを買い、料理を作ったり洗い物をしたりします。従来の「男子厨房に入るべからず」ではなく、女性を献身的に支えるスタイルの主人公です。

物語には主人公たち以外のカップルも登場しますが、彼らもほとんどは平等な関係です。例えば、ジョンヒョクの婚約者だった女性のソ・ダンと、韓国の実業家である男性のク・スンジュンの2人は、お互いに対等な関係を保っています。また、セリの兄夫婦など、登場する夫婦でも女性の発言権が大きいカップルが目立ちます。物語全体に女性蔑視の雰囲気がなく、すべての男女が独立した人間として描かれているのです。ソウルに場面が移ってからは、セリがジョンヒョクやその仲間に経済的援助をしています。

『82年生まれ、キム・ジヨン』は、韓国女性の等身大の姿を描くことで、「ジヨン＝私」という共感を得ました。それが、原作小説と映画の大ヒットにつながったのだと思います。

これに対し、『愛の不時着』で描かれたのは、自分の力で道を切り開く女性と、女性を献身的に支える男性との愛の姿でした。それは今でも男尊女卑が残る韓国において、おとぎ話に近い存在かもしれません。だからこそ、韓国人女性はこのストーリーに夢を見たのです。

両作品のヒットは、一見すると別々の現象に見えます。しかし根っこの部分では、共通した土台があるのだと、私は考えています。

韓国の出生率は世界ワースト級

映画『82年生まれ、キム・ジヨン』の最終盤、ジヨンはコーヒーショップに立ち寄ります。そして飲み物をカウンターで受け取ろうとしたところ、娘がぐずり、そのせいでジヨンは飲み物を床にこぼしてしまいます。それを見ていた近くに居合わせた若い3人組が「ママ虫」だと揶揄したのです。映画の冒頭でも、通りがかった人たちにジヨンが陰口を叩かれるシーンがありましたが、そのときのジヨンは何も言えず、ただ立ち去っただけでした。ところがこの場面では、ジヨンは敢然と立ち向かい、「私のことを知らないくせに、なぜそんな言い方をするの？」と反論したのでした。

「ママ虫」とは、「ママ（マム）」と「虫（チュン）」という言葉を組み合わせた韓国のネットスラングです。しつけの悪い子供を叱らない母親のことを害虫にたとえた侮蔑的なニュアンスの強い言葉です。若い人たちがこんなに冷たい言葉を放つのは、子育てをする女性への無理解と不寛容があるからでしょう。

日本でもよく報道されていますが、韓国の合計特殊出生率は世界最低レベルです。先に紹介したように、2022年の合計特殊出生率はわずか0・78しかありません。これはOECDの平均である1・59に比べ、かなり低い水準です。

少子化が深刻な社会問題になっており、2022年の合計特殊出生率が過去最低を記録した日本でも1・26でした。このまま出生率が回復しなければ、韓国の人口はどんどん少なくなり、2100年代には国家を維持できなくなるとも言われています。

韓国の出生率が下がっている理由は、多数指摘されていますが、最も大きいのは、経済環境が悪いことでしょう。

サムスン電子をはじめとする大手企業とそれ以外の企業とでは、給与額に大きな開きがあります。ですから、十分な収入を得られていない若者が数多くいるのです。

一方、物価は高くなる一方で影響が大きいのは不動産価格で、ソウル市内のマンションは10億ウォン（約１億円）出さなければ買えないとも言われます。これに対し、一般的な会社員の年収は４０００万ウォン（約４００万円）程度[19]。つまり、年収の25倍の金額を出さなければマンションは買えないのです。

韓国でカップルが結婚するとき、男性が家を、女性が家具一式を用意する慣習があります。しかし、若いカップルにとって家を買うのはとても難しく、それで結婚を諦めるケースが後を絶ちません。

教育費の高騰も深刻です。韓国は世界でもトップクラスの高学歴国で、20～30代の大卒者比率はＯＥＣＤ加盟国トップの69・８％[20]。それだけに、教育にお金をかける世帯は多く、大学までの学費や受験対策で通う予備校などの費用はかなりの金額に及びます。この負担は重く、子どもを諦めるカップルも少なくありません。

離婚率の急増も、少子化の一因かもしれません。古い世代の韓国人は、子どものために働くのが当然だと考えがちでした。ところがＩＭＦ経済危機以降は、自分のために生きようと離婚に踏み切ったり、子どもを作らず趣味などを楽しむ人が増えたと感じます。

若い世代がジヨンに投げかけた「ママ虫」という言葉も、自分のためだけに生きるのが当たり前という彼らの価値観を象徴しています。こうした雰囲気が社会に蔓延する中、育児をするのは並大抵のことではないでしょう。

韓国の高齢者の自殺率はダントツに高い

韓国で世界ワースト級のデータは、合計特殊出生率だけにとどまりません。自殺率もきわめて高いのです。

２０２１年のＯＥＣＤの調査によると、同加盟国の中で自殺率が一番高い国は韓国でした。[21] 人口10万人あたりの自殺者は24・１人で、２位のリトアニア（18・５人）、３位のスロベニア（15・７人）、４位の日本（15・４人）などの上位国と比べても突

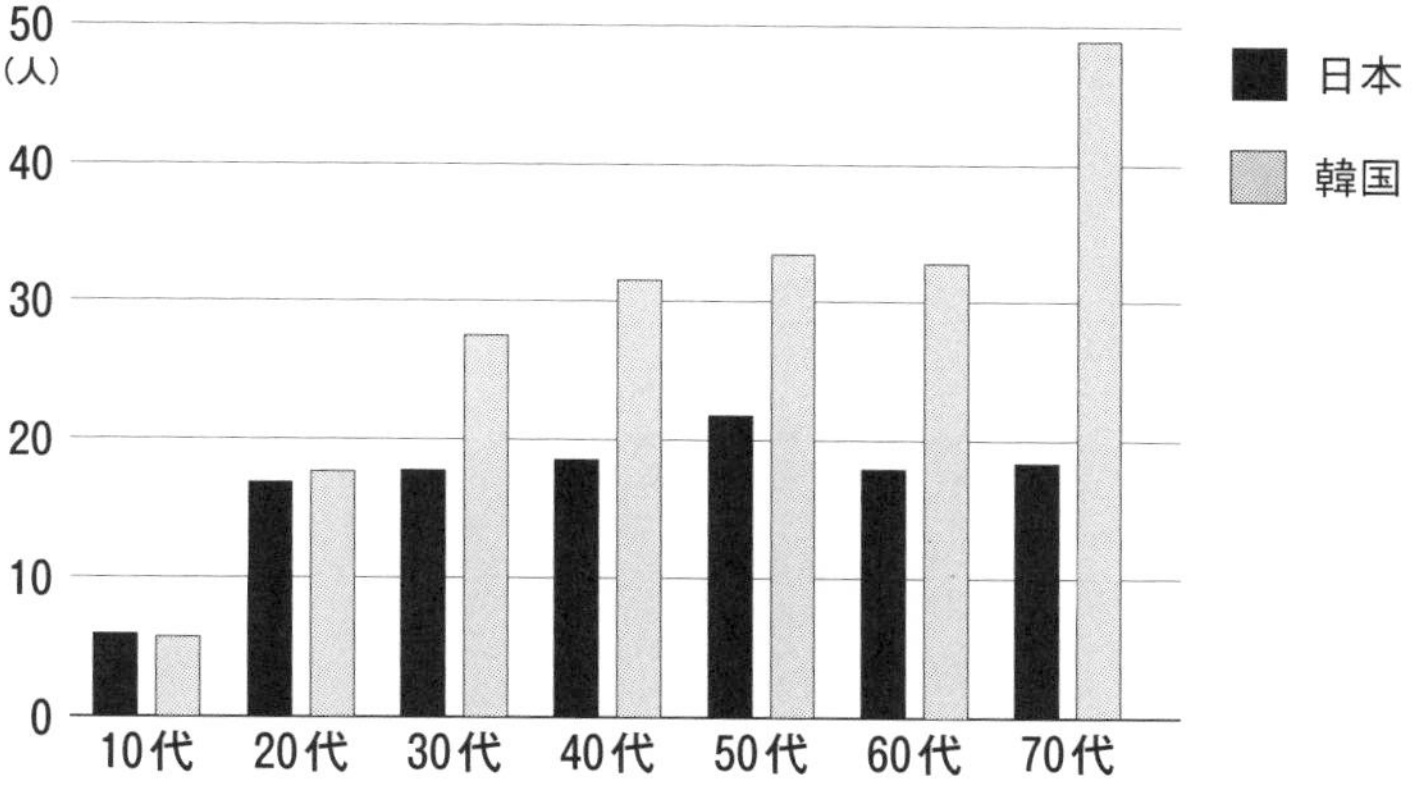

図2　2018年の自殺死亡率
人口10万人あたりの自殺者数。文献22のデータを基に作成。

出しています。著名人が自殺するケースも多く、女性グループKARAのク・ハラさん、男性グループSHINee《シャイニー》のジョンヒョンさんなど、日本でも広く知られた人たちが自ら命を絶っています。

中でも自殺率が高いのが高齢者です。２０１８年の日本の世代別人口10万人あたり自殺者数は、10代が5・9人、20代が16・8人、30代が17・7人、40代が18・5人、50代が21・8人、60代が17・9人、70代が18・3でした。[22]

これに対して韓国では、10代が5・7人、20代が17・6人、30代が27・5人、40代が31・5人、50代が33・4人、60代が32・8人、70代が48・9人となっています（図2[22]）。

日本で最も自殺率が高いのは50代で、それより上の世代は自殺率が減っていきます。これに対し、韓国で最も自殺率が高いのは70代なのです。

高齢者が自殺の道を選ぶ最大の原因は、貧困の問題です。

日本では終身雇用制度が崩れてきたとはいえ、新卒で入社した会社に60歳の定年まで勤める人は決して少なくありません。これに対して韓国では、1つの会社で60歳まで働き続ける人はわずか9％にすぎないとも言われています。特に大企業の場合は長く勤めるのが難しいとされ、60歳まで働けるのは幹部などごく一部。一般的な社員は、平均49歳で退職を迫られると言います。

韓国では日本以上に晩婚化が進んでおり、2022年の平均初婚年齢は男性が33・7歳、女性が31・3歳でした[23]。また、女性が第1子を産んだ平均年齢は33歳となっています[24]。ですから49歳と言えば、まだまだ子育てが続いている時期です。この時期に定年を迎えて収入が激減した結果、子どもの学費の負担に耐えられず、自己破産に追い込まれる人もたくさんいるのです。そこまで行かなくとも、老後のために資産を蓄える余裕など、ほとんどの人にはありません。

そこで頼りにしたいのが年金ですが、韓国の年金制度は徐々に整備されているとはいえ、まだまだ歴史が浅いのです。それに年金を受給できる人はさほど多くありません。公務員や学校教諭、軍人などはきちんと受給できますが、年金を一切もらえない「無年金者」もたくさんいます。２０２０年、韓国政府は無年金者の割合が54・１％もいると発表し、社会に大きな衝撃が走りました[25]。

40代という若さで定年を迎えて収入が減り、子どもの学費に追われてお金をためることもできず、もらえる年金も雀の涙……。

韓国では子どもが親を扶養するのが伝統でしたが、今の70、80代の世代は子どもが1人か2人しかおらず、現実的に夫側と妻側両方の親の面倒をみる余裕が経済的にも物理的にもないのが事実です。しかも、韓国では親が子どもの結婚費用を負担するのが一般的で、加えて子ども夫婦のための家まで買い与えるのも普通です。

ですから大抵の親は、子育てだけで精一杯。子どものために財産を使い果たしてしまい、自分の老後のために蓄える余裕などありはしないのです。結果として、寂しさと相まって「高齢者の貧困」が高齢者を自殺に追い込んでいるのです。

映画と違う、原作小説の救われないラスト

映画版『82年生まれ、キム・ジヨン』は、明るく希望のある終わり方になっています。ジヨンの娘は大きくなり、デヒョンは娘の育児にかなり協力しているようです。一方、ジヨンは雑誌に『少女が成長して』というタイトルの記事を書いています。子どもの頃の夢だった作家になれたのです。

これに対し、原作小説の最後はなかなか辛辣です。

小説では、男性の精神科医がジヨンをカウンセリングし、それによってジヨンの過去をさかのぼっていくスタイルで書き進められています。ジヨンはうつ病だと診断され、まだ完治はしていません。彼女の生きづらさも全く解消はされていないのです。

一方、この男性精神科医は女性の社会進出に対してとても理解があり、ジヨンの気持ちに最大限寄り添おうともしています。だからといって、必ずしも彼女の心のすべてが理解できているわけではありません。その証拠に彼は、何度か流産の危機を乗り越え、ついに出産を目前に控えた同僚の女性医師が退職前の最後のあいさつに来たと

き、こう考えるのです。

「1、2カ月くらい休めば済む話なのに」

「でも、出産時にまた休んで、その後も体調や育児で面倒になるかもしれないから、むしろ辞めてもらった方がいいか」

「彼女は良いスタッフだったが、育児の問題を抱えた女性を雇うのはいろいろ難しい。後任には未婚の人を選ぼう」

つまり男性医師の心の底には、女性のおかれた状況に対する無理解が潜んでいたわけです。外見上は女性に理解のありそうな男性医師でさえこのありさまなのですから、子育てしながら働きやすい社会の実現は、まだまだ遠い未来のことだ、というのが、原作小説のメッセージなのです。

後味の良い映画、遺恨が残る原作。どちらが良いかは見る人の好みによると思いますが、原作の方が受け手に強烈な印象を残すことは間違いありません。

コラム①

専業主婦の比率が高い韓国の上流階級

内閣府の「令和4年版男女共同参画白書」によれば、2021年における日本の共働き世帯数は1177万世帯です。これに対し、専業主婦世帯数は458万世帯しかありませんでした。現代の日本では共働き世帯の比率が7割を超えているのです。また、共働き家庭は右肩上がりで増えていて、専業主婦はさらに減るとみられています。

一方、韓国統計庁によると、2020年時点における韓国の共働き世帯数は559万世帯で、全体の45・4%。5割を切っており[26]、世界的に見ても、韓国は専業主婦が多い社会だと言えそうです。

『82年生まれ、キム・ジヨン』のジヨン、『パラサイト　半地下の家族』の富豪・パク家の妻パク・ヨンギョ、そして『SKYキャッスル』に登場する富裕層妻のほとんども専業主婦です。ジヨンは中流階級ですが、上流階級に属する女性には専業主婦が目立つと感じます。

韓国の上流階級に専業主婦が多い理由は、いくつか考えられます。家計が豊かなので、妻が働く必要がないこと。富裕層に「男は外で働き、女は家を守る」という古い価値観が根強く残っていること。企業内に、結婚や出産をした女性に退職を迫る雰囲気があること。そして『82年生まれ、キム・ジヨン』でも描かれていたように、保育園やベビーシッターなど働く女性をサポートする体制が整備されていないため、出産後の女性が復職しづらいことも原因の一つでしょう。

その中で指摘しておきたいのが、子どもの教育問題です。

第4章で詳述しますが、韓国は世界でもトップクラスの学歴社会で、受験戦争は熾烈を極めます。名門大学に入れなければ人にあらず、といった風潮も社会に蔓延しているほどです。そこで、特に教育熱心な上流階級の間では、多くの親が子育てに多大な労力を費やします。塾の送迎に車を出すケースもあるでしょうし、家庭内では子どもの勉強に付き合う必要もあるでしょう。優秀な塾を探すための情報を集めることも大切です。これらを滞りなくこなすためには母親はとても働いてなどいられない、というのが、上流階級で専業主婦が多い理由なのかもしれません。

上流階級でも、子どもは一人か二人がほとんどであるため、専業主婦は一人の子どもの育児に没頭してしまいます。

その結果、子どもが入試に失敗したり良い就職ができないともなれば、母親も全人生を否定されたほどのショックを受けます。「自分の世界」を持ちにくい専業主婦にとって、子育てこそが唯一の自己実現の機会だからです。

そうした事情があって、子どもが大人になった後も、ずっと世話を焼き続けようとする専業主婦の母親が増えています。いつまでも子離れができず、子どもに執着し続けるのです。それが嫁姑問題に発展し、離婚にまで至るケースも多いのが、現代の韓国です。

第2章

貧困と貧富格差ストレス

『パラサイト　半地下の家族』等を題材に

貧富格差が拡大する韓国社会

ＩＭＦ経済危機によって壊滅的打撃を被った韓国ですが、その後は徐々に経済が上向いていきました。

１９９７年における韓国の１人あたり名目ＧＤＰは、約1万２４００ドルでしたが、ＩＭＦ経済危機直後の１９９８年には約８３００ドルと、前年の３分の2ほどに落ち込みます。

しかし、２００２年には約1万３２００ドルとＩＭＦ経済危機前の水準にまで回復。２００６年には2万ドルを、２０１７年には3万ドルを突破しました。[27] １９９８年から２０１７年までの20年間で、４倍近くまで増えたわけです。

一方、１９９７年における日本の1人あたり名目ＧＤＰは、約3万５６００ドルで、当時の日本は韓国に比べ、はるかに豊かな国でした。しかし、その後の日本は、いわゆる「失われた30年」に入っていきます。２０１２年の1人あたりＧＤＰは約4万９２００ドルとピークに達しましたが、その後は右肩下がりとなっています。

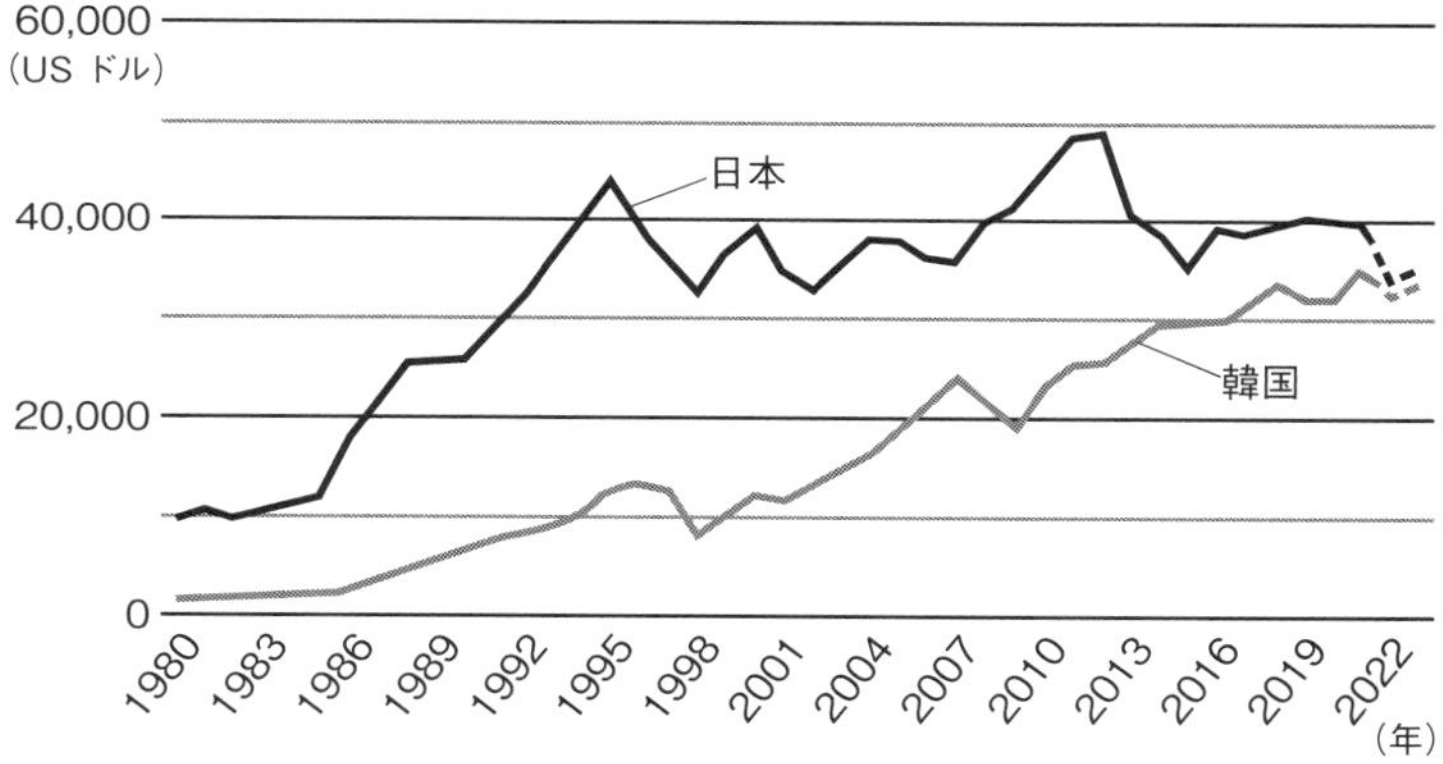

図３　一人あたりの名目 GDP(US ドル) の推移 (1980～2023 年)[27]
注：SNA(国民経済計算マニュアル) に基づいたデータ
出典：IMF-World Economic Outlook Databases(2023 年４月版)

そして２０２２年、韓国の１人あたりＧＤＰが約３万２３００ドルであるのに対し、日本は約３万３８００ドル、日韓の差は、ほぼなくなってしまったのです（**図３**）。調査機関によっては、日韓の１人あたりＧＤＰは既に逆転したと発表しているところもあります。

順調に成長してきた韓国経済ですが、国民全員が豊かになったわけではありません。富は一部の富裕層に集中し、社会の格差は以前より大きくなっています。世界不平等研究所が発表した「世界不平等報告書２０２２」によれば、韓国全体所得の半分近い46・５％が、わずか10％の富裕層に集中しているとのことです。

また、世帯所得が中央値の半分を下回っている世帯の割合を指す「相対的貧困率」では、OECD加盟34カ国の中でワースト5位という結果でした。[28] ちなみに日本もワースト8位となっています。

こうして現代の韓国では、社会格差が広がっています。大企業に就職した会社員と公務員が「勝ち組」とされる一方、それ以外の企業に就職した人たちは、低い収入や悪い労働環境に苦しめられています。その不満は、いつ爆発してもおかしくない状況です。

格差社会を痛烈に風刺したブラックコメディ

映画『パラサイト 半地下の家族』は、韓国の格差社会を痛烈に風刺したブラックコメディです。

この作品は第72回カンヌ国際映画祭で、最高賞のパルムドール賞を韓国映画として初めて受賞した作品です。また、第92回アカデミー賞では6部門にノミネートされ、作品賞、監督賞、脚本賞、国際長編映画賞の4部門で受賞を果たしました。英語以外の言語で作られた映画がアカデミー賞の作品賞を受賞したのは、初の快挙でした。

この作品には、３つの家族が登場します。

１つ目の家族であるキム家は、父ギテク、母チュンスク、息子ギウ、娘ギジョンの４人家族です。住んでいる場所は薄汚れた半地下のアパートで、お金がないために、近所を飛んでいるフリーＷｉ－Ｆｉ《ワイファイ》の電波を必死で探しながらインターネットを使っているありさまです。

２つ目の家族は、高級住宅地に住むパク家です。父ドンイクはＩＴ企業の社長で、母ヨンギョ、娘ダヘ、息子ダソンの４人で、有名な建築家が建てた豪邸に住んでいます。そして３つ目の家族が、パク家の家政婦であるムングァンと、その夫で豪邸の地下に隠れ住んでいるオ・グンセの夫妻です。

映画のストーリーは、キム家の息子であるギウが友人から、パク家の娘であるダヘの家庭教師を頼まれるところから始まります。

４度の受験に失敗したギウは、大学生でない自分に教えられるだろうかと尻込みしますが、友人に後押しされて家庭教師を引き受けます。その際、妹のギジョンが名門大学の在学証明書を偽造し、ギウは偽名でパク家に入り込みます。

ギウは家庭教師としてうまく立ち回り、パク家の母ヨンギョ、娘ダヘの信頼をすんなり得ることができました。ほどなくしてパク家の息子であるダソンが絵の家庭教師を求めていると知ると、ギジョンを推薦。ギジョンはギウの大学の後輩だと偽って絵画教師として勤めはじめます。そして今度は策を弄し、パク家の主人でIT企業の経営者であるドンイクの運転手をクビにさせ、ギウとギジョンは、その後釜に父ギテクを推薦したのです。さらには、パク家で長きにわたって家政婦を務めていたムングァンを陥れて解雇させ、母チュンスクまでも家政婦として招き入れることに成功しました。

ここまでの前半部分は、悪知恵を働かせてパク家に寄生するキム家の様子を、笑いを絡めながらテンポよく描いていきます。ところが後半になると、演出はガラリと変わってサスペンスタッチになり、一気に緊迫感が増していきます。

ある日パク家全員がキャンプに行くことになりました。主が不在になったのに乗じて、キム家の4人は豪邸で宴会を開いたのです。ところがそこに、クビになった前家政婦のムングァンが訪ねてきて、キム家の4人がパク家をだましていることを知ってしまうのです……。

パク家はきらびやかな豪邸、キム家は薄汚れた半地下のアパート、そしてオ・グンセは日の当たらない地下室にそれぞれ住んでいます。これはそのまま、彼らの階級の差を表しているのです。

『パラサイト』は単なるコメディではありません。ＩＴ企業を経営して成功した富裕層、能力はあるが運に恵まれずに貧しい生活を送る庶民、犯罪に手を染めて逃げ回る貧民の格差を鮮やかに描き出した作品なのです。

韓国人にとってお金こそが崇拝の対象

『パラサイト』で主人公であるキム家の４人は、良心の呵責を全く感じずに詐欺行為を行っています。例えば、物語の前半で息子ギウは、パク家の家庭教師になるための面接に向かいますが、このとき持参した大学の在学証明書は、娘ギジョンが偽造したものでした。

在学証明書を偽造し、大学生であると嘘をついて面接を受ける行為は、普通に考えれば犯罪行為です。ところがギテクは「名門ソウル大学校に文書偽造学科があれば、娘は主席入学できるくらい優秀だ」「息子が誇らしい」などと調子よく話しており、またギウや母チュンスクにしても、全く悪びれる様子はありません。彼らキム家は、お金を稼ぐためなら罪を犯しても問題ないと考えているのです。

お金にがめついのはキム家だけではありません。大富豪であるパク家の母ヨンギョも同様でした。

ギウが家庭教師として採用され、ヨンギョが最初の謝礼を手渡すとき、ヨンギョはいったん封筒に何枚かの紙幣を入れました。ところが、入れた紙幣のうち何枚かをこっそり抜き出し、ギウに渡したのです。おそらく、最初に封筒に入れたのは、前任の家庭教師に渡していた謝礼と同じ金額だったのでしょう。そしてギウにはそれより少ない金額を渡したわけですが、このときヨンギョはギウに「金額は物価に合わせて、ミニョク先生の時よりアップ」と言いました。謝礼額をごまかした上に、時給を上げているとと嘘までついたわけです。

韓国では少し前から、極端な拝金主義になってしまいました。

以前の韓国は学歴社会で、良い大学を卒業した人が立派で、学歴のない人は見下されていました。ところが今は、学歴が高くてもお金を稼げない人はばかにされてしまいます。とにかくお金、お金というのが、今の韓国社会です。

お金を稼ぎたいという気持ちが、すべて悪いというわけではありません。もっとお金が欲しい、いい暮らしがしたいという上昇志向は、前向きなパワーをもたらします。ＩＭＦ後の韓国が比較的短期間で立ち直れたのは、それこそ韓国人に強いハングリー精神があったからかもしれません。

韓国の反日感情の根底には、日本に対する強固な優越意識が潜んでいます。

日本経済に追いつき、追い越そうとしている中で、地道にコツコツ貯蓄をする日本人に対し、「日本人は、どうしてそんな安い給料で満足できるんだい？」と、よく揶揄する知識人たちもいます。

「プロセス軽視」が韓国人の心の貧しさを生む

世界的な調査会社であるイプソスが公開している調査によると、調査対象となった32カ国のうち、韓国の幸福度はワースト2位の31位でした[29・30]。この種の調査は他にもありますが、韓国の順位はおしなべて下位に沈んでいます。つまり韓国人は、自らを「幸せではない」と見なしているわけです。

韓国人は上昇志向が強く、「いい大学に入りたい」「お金持ちになりたい」などの目標を掲げると、一生懸命に努力して実現を目指します。それは、ＩＭＦ経済危機以降の経済成長など良い影響をもたらすこともありますが、一方で、強烈な競争社会を生み出す元凶にもなっています。

また、韓国人は「プロセス」より「結果」重視の傾向がとても強いです。どれほど凄い一流大学、名門企業に入ることができたか、などの結果ばかりを重視して、そこにたどり着くまでの過程に価値を見いだすことはありません。ですから、頑張って目標を達成した後、一時的に達成感は大きい反面、すでに頂点に上りつめ「後がない」

虚無感を覚えるのでしょう。

私が日本で暮らしはじめて間もない頃、明確な目標を持たずに生きている人が多いことに驚きました。例えばお店を経営している人に、何を目指していますかと聞いても、「さあ」などとあいまいな返事をされるのです。韓国人にこういう質問をすると、まず、「儲けをだして10億ウォン（約1億円）貯めたい」「5年後までに支店を10店舗まで増やしたい」など明確な答えが帰ってきます。

後に私は、段々気付くようになりましたが、日本人にはプロセスを楽しむ姿勢があるのです。お店を経営している人なら、「良いサービスを提供してお客さんが喜んでくれるのが嬉しい」「美しくておいしい料理を作り上げるのが何より幸せ」のように、目の前の仕事を楽しんでいるのです。

京セラや第二電電（現・ＫＤＤＩ）の創業者として名高い故・稲盛和夫さんは、高校時代、大阪大学を目指していたそうです。しかし受験に失敗し、鹿児島大学に進みました。その後は京都のメーカーに就職したそうですが、勤め先での仕事は決して満足いくものではなかったようです。稲盛さんは、やりたくもない仕事をしなければならない現状に強いストレスを感じていましたが、ある日、どうすれば楽しく生きられるのかという発想に頭を切り替え、今を一生懸命生きるという考え方を確立したと言います。そして仕事を楽しみ、没頭するようになると、面白いようにいろんなアイデアが浮かんでさらに楽しくなっていく。そのとき与えられた仕事に懸命に向き合っていると、一種の境地にまで達し、とても幸せな気持ちになるのだそうです。結果、事業も面白いようにうまくいくようになったとか。

稲盛さんのような日本人はたくさんいると思います。ゴールにたどり着くことが重要なのではなく、そこまでのプロセスを楽しむことで心を豊かにしているわけです。

韓国には「横道にそれても、ソウルに着けば良い」ということわざがあります。朝鮮時代は、誰もがソウルに行けるわけではなく、科挙試験に受かって出世した人やその親族だけが行けるところでした。政治、経済、文化すべての中心地で、人々にとって天国のような最高の憧れの地だったのです。

そのソウルへ、戦後は誰でも自由に入れるようになりました。そうして、我も我もとソウルを目指した結果、現在はソウル一局集中現象が起き、人口の50％ほどが首都圏に集まる現象が起きています。大学もソウルにある大学がいい。日本のように「東大か京大」のような発想はありません。仕事もソウルでした方がいい。ソウルと二番目の都市釜山の差は天地ほどの差があります。そのために、「ソウル行き」とは、「出世」の象徴なのです。目的を達成するためには手段など問わない、というわけです。

また、「犬のように儲けて両班《ヤンバン》のように使う」という言い方もあります。犬は韓国では軽蔑される動物の象徴で、両班とはかつての支配階級の貴族を指します。

両班の権力は凄まじいもので、例えば庶民が馬に乗り両班の家の前を通る際には、馬から降り、一礼をしながら通り過ぎなければなりません。もし、馬から降りず通り過ぎた場合には「高慢な態度」と見なされ大変な罰を受けることになります。

このように権力を持ち、権威のある優れた両班は、庶民のために尽力する。これが理想の両班の姿で、それが最高に幸せだと思われていたのです。つまり、犬のように汚いやり方で構わないからお金を稼ぎ貴族のように気前よく振る舞えば、周囲からうらやましがられる成功者になれる、という意味合いなのです。

自分自身が楽しい（幸せ）というよりも、他人より上の立場に置かれ、「人々にうらやましがられる自分」を感じたときに「幸せ」を感じるのが韓国人です。どちらも、プロセスを軽視する韓国人の気性がよく伝わってくる言葉ではないでしょうか。

こういう発想をする限り、目の前の仕事を楽しむことなどできません。何とか目的を達成したとしても、心のどこかに虚無感を抱えてしまうのですから、もし目的をかなえられなければそれこそ大変です。

プロセス志向の日本人なら、「ゴールにはたどり着けなかったが、これまでの毎日は充実していた。また、この経験で得られたものも多かった」と自分を納得させられるでしょう。でも、韓国人はそういうわけにはいきません。目的を達成できなかった場合には、絶望感しかないのです。

韓国が「ホワイト国除外」を恐れる根本原因

日本と韓国の間には、第二次世界大戦中に労働者が徴用された問題、いわゆる「徴用工問題」が横たわっています。２０１９年にはこの問題での対立が激化し、日韓関係は最悪の局面を迎えました。このときに起きたのが、韓国の「ホワイト国」からの除外です。

ホワイト国とは、日本からモノを輸出する際に優遇される国の通称です。

輸出品の中には、大量破壊兵器などに使われる危険性のあるものも含まれています。これらを北朝鮮など危険な国に輸出するようなことがあってはならないので、個別の輸出案件ごとに経済産業省の許可を得ることが定められています。一方、大量破壊兵器などに転用される危険性がない国は「ホワイト国」とされ、個別の許可がなくても輸出できるようになっています。

日本政府は２０１９年当時、アメリカ、イギリス、フランスなどと同様に韓国をホワイト国としていました。ところが、韓国がホワイト国から除外されたことで、日本から韓国への輸出に大きな制限が加えられるのではないかという情報が飛び交いました。

このとき、韓国側が一番心配したのが、フッ化水素など半導体に使われる部材の輸入ができなくなることでした。韓国にはサムスン電子とＳＫハイニックスという２大半導体メーカーがありますが、これによって輸入が差し止められ両社の業績に大きな悪影響が出るのではないかという懸念が強まったのです。

それから３年以上が経った今、当初予想されていたようなトラブルはほとんど起きませんでした。また、２０２３年には半導体部材の輸出管理が緩和されるなど、日韓関係には雪解けの兆しが見えはじめています。

ところで、なぜ2019年当時の韓国は、日本から半導体部材を輸入できなくなる事態を恐れたのでしょうか。大きな要因として挙げられるのが、韓国の「基礎研究」の弱さです。

研究には大きく分けて、「基礎研究」と「応用研究」とがあります。基礎研究は特別な使い道がない状態で研究を行うもので、応用研究の「縁の下の力持ち」的存在です。一方、応用研究は特定の製品を実用化するために行われます。

韓国は応用研究が得意です。スマートフォンの分野ではサムスン電子やLGエレクトロニクスの製品が世界市場を席巻していますし、液晶ディスプレイの分野でもLGディスプレイなどの韓国メーカーが存在感を発揮しています。これに対し、基礎研究の分野となると韓国は弱いのです。韓国人にノーベル賞受賞者がこれまで一人も出ていないことがそのいい例です。すぐに利益が得られる研究分野にばかり力を入れるので、時間をかけて地道に取り組まなければ見つからないような新たな発見には、結びつかないのです。

韓国でも、基礎研究にもっと力を入れるべきだと主張する人がいます。しかし、基礎研究には10年単位の長い期間がかかります。せっかちですぐに成果を求めがちな韓国人が果たして基礎研究にも力を入れるのかどうか、ぜひ注目しておこうと思います。

今の半地下物件は貧困世帯が住む場所ではない!?

キム家は全員身分を偽り、パク家に潜り込みました。ですからパク家の人々は当然ながら、運転手となったキム家の父ギテク、家政婦の母チュンスク、家庭教師の息子ギウ、絵画教師である娘ギジョンの全員が家族だとは知るよしもありません。ただし、パク家の息子ダソンだけは、キム家の全員から同じにおいがすることに気付いていました。また、パク家の主であるドンイクも、リビングに潜んでいたキム家族のにおいに気付いて「煮洗いしたふきん、あるいは地下鉄のにおいに似ている」と言っています。半地下の劣悪な環境で暮らすキム家の人々には、富豪にはなじみのない特有のにおいがあったのでしょう。

半地下のある物件は、韓国でよく見かけます。盛んに作られたのは朝鮮戦争後で、空襲時に備えた倉庫や防空壕として、半地下部分を設ける家がたくさんありました。それが１９８０年代になり、ソウルなどの都市部で住宅不足が進むと、半地下物件を住居とし、安い家賃で貸し出すケースが増えたのです。

　半地下物件の環境は決してよくありません。『パラサイト』の冒頭部分でも、日当たりや風通しが悪く、室内は薄汚れていて、トイレの位置はおかしなところにあるキム家の様子が描かれています。彼らは貧しいため、仕方なく半地下物件を借りているのです。

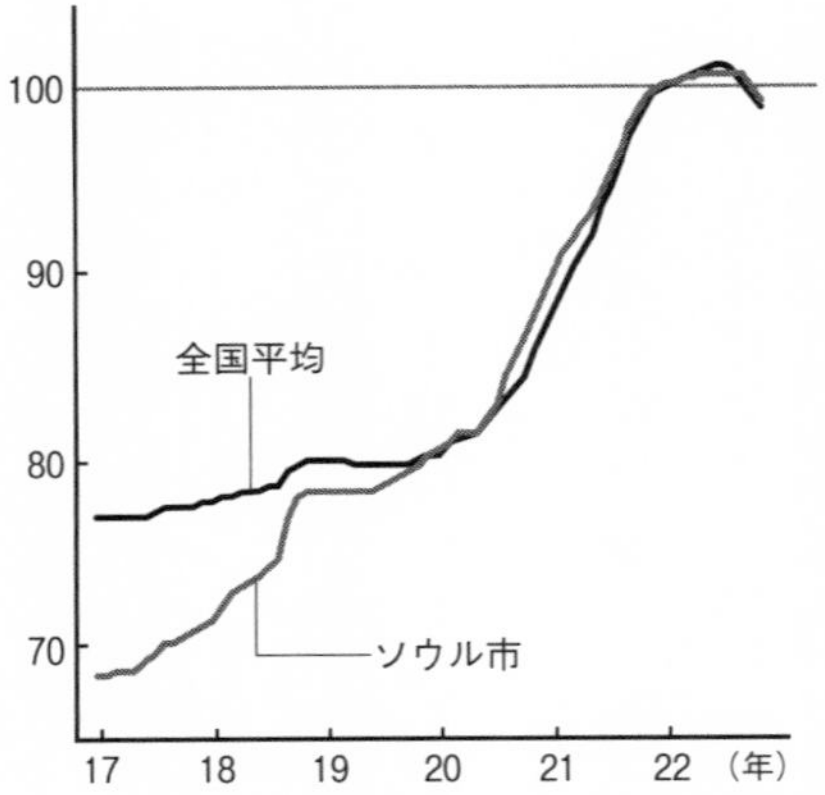

図４　韓国の不動産平均売買価格の推移[31]
注：22年１月を100として価格を指数化
出所：ＫＢ国民銀行

　しかし最近では、半地下物件でさえ価格が高騰しています。特にソウルでは、文在寅《ムンジェイン》大統領が就任した２０１７年以降は、不動産バブルとでも呼ぶべき状況に入っていきました。ソウルでは標準的な広さのマンションでも価格が10億ウォン（約１億円）を超え、庶民ではとても買えない水準になっています[31]（**図4**）。

日本のマンションと比較しても、ソウルのマンションの価格は異常です。新宿なら1億円くらいで買えるはずのマンションが、ソウルでは3億円くらいになりました。さすがに高くなりすぎたと考える人もいますが、かなりの韓国人は、マンション価格はまだまだ上がるだろうと考えていました。それで、親などからお金を借りて頭金をつくり、多額のローンを組んでマンションを買っているのです。

ところが２０２２年末に入ると、マンション市場に陰りが見えはじめました。同年12月における全国のマンション売買価格指数は、韓国不動産院が統計を公表しはじめた２００３年以来、最大の下落幅を記録しています[32]。背景の一つに挙げられているのが、金利の上昇です。

世界ではコロナ禍やロシアのウクライナ侵攻などが原因でインフレが進んでおり、アメリカの金利上げに対応するために韓国の中央銀行は利上げに踏み切ったのです。その結果、マンションローンの金利も上がり、無理をしてマンションを購入した人に負担が重くのしかかるようになりました。

マンション購入者の中には、価格が上昇したらすぐに売り抜けて利益を確保しようと考えていた人も多かったはずです。ところが、ローンの負担が重くなったことでマンションを買う人の数は激減し、マンション価格は下落に転じてしまったのです。今後、マンション市場がどうなるのかは私にはわかりませんが、もし相場が大幅に悪化した場合、ローンを払えず破綻してしまう人がたくさん出る危険性があります。

このあたりの状況は、リーマン・ショック前のアメリカととてもよく似ています。当時のアメリカは不動産バブルで、信用力の低い人が不動産価格の上昇を狙い、「サブプライムローン」と呼ばれるローンで住宅を買っていました。ところがバブルが崩壊して多くのローンが焦げ付き、それがリーマン・ショックをもたらしたのです。

個人主義がもたらす弊害とは

ＩＭＦ経済危機以降、韓国社会が激変したことは何度も解説してきました。個人主義の蔓延も、まさにＩＭＦ経済危機以降に起きた変化です。

以前の韓国では、徹底した家族主義で、何よりも家族が大事でした。子どもがたくさんいて、貧しくても家族がお互いに助け合いながら生きていたのです。『82年生まれ、キム・ジヨン』でも主人公の母ミスクが兄弟の学費を稼ぐために働いていたと描かれていましたが、当時の韓国では、兄姉が弟妹の学費を出すのはよくあることでした。ところがＩＭＦ経済危機以降は、そのような話を聞くケースはほとんどなくなりました。兄弟の人数が減っている事情ももちろんありますが、それより、助け合いの文化自体が社会全般から失われていることの方が、理由としては大きいと私は感じています。

韓国人が個人主義であることを示すデータを、２つご紹介しましょう。

１つ目は、アメリカの世論調査機関ピュー・リサーチ・センターが先進国17カ国の１万９０００人の成人に対して行った調査です。[33] この中で「自分の人生を意味深いものにしている価値とは何か」という問いに対し、17カ国中日本を含めた14カ国では「家族が人生の最大の意味」という答えが１位になりました。また、スペインでは「健康」が、台湾では「社会」が１位になっています。ところが韓国では、１位が「物質的豊かさ」で、２位が「健康」、３位が「家族」という順位になりました。韓国人にとって、

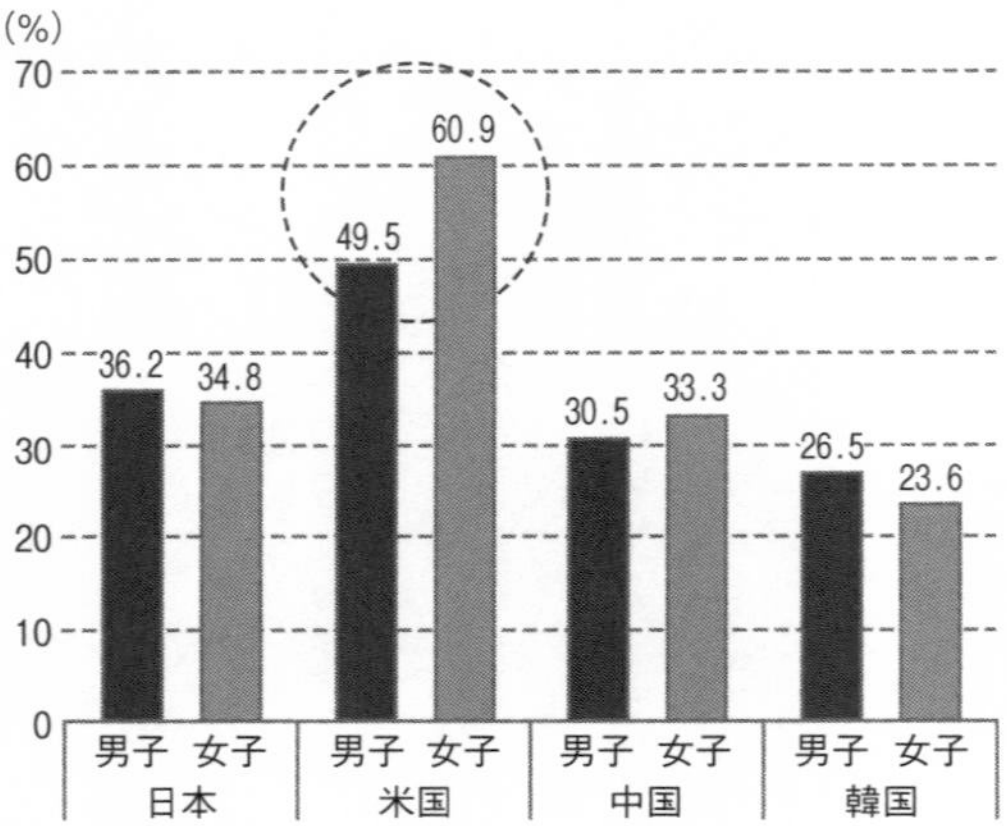

図5　友達に合わせていないと心配になるか[34]

出所：平成30年国立青少年教育振興機構「高校生の心と体の健康に関する意識調査—日本・米国・中国・韓国の比較」より荒川和久氏作成。

家族や健康より豊かさ、つまりお金が大事だという結果が出たのです。

もう1つは、国立青少年教育振興機構が日本、アメリカ、中国、韓国の高校生を対象に行った「2018年高校生の心と体の健康に関する意識調査」です。この調査では「友達と合わせていないと心配になるか」という設問があるのですが、これに対し「はい」と答えた割合は、韓国人高校生が一番低かったのです（**図5**）[34]。

今の韓国では、「自分の利益こそが一番大切」と考える人が急増しています。特に若い世代の間では、その傾向が強まっているのです。

誰もが起業するが成功者はわずか

キム家の父ギテクは、過去に「台湾カステラ」の店を出して失敗したことがあります。また、豪邸の地下室に4年以上隠れ住んでいたオ・グンセも同じく、過去に台湾カステラの店を開いて大失敗し、借金を抱えています。第1章で述べましたが、『82年生まれ、キム・ジヨン』の主人公ジヨンの父も、煮込み料理「チムタク」の店やフライドチキン店、フランチャイズのパン屋を開業して失敗しています。

このように、韓国では早期退職した人はまず独立開業して店を構えることを考えるのがごく一般的です。退職した後まで、別の会社に再就職して他人に雇われたくはないですし、小さい会社でも「社長」になりたいと思うのです。退職金を起業のための資金として投資することはよくあることです。日本人ならば「商売」と言う程度の小さな店でも、「事業」という言葉を使います。

２０２０年における韓国の法人設立数は12万３３０５件で、日本の13万１２３８件とほぼ変わりません[35]。韓国の人口は5000万人あまりで日本の4割ほどしかありませんから、それだけ韓国では起業が当たり前のことなのです。

韓国には「牛の尻尾より鶏の頭がいい」ということわざがあります。大きな集団の末尾（牛尾）にいるより、小さな集団のトップ（鶏頭）に立つ方がずっといいという意味です。大多数の韓国人は大企業の中間管理職でいるより、小さな会社でも社長になることを選びます。その結果、韓国ではちょっとした店のオーナーも「社長様」と呼ばれ、至る所社長だらけです。「石を投げれば金さん（韓国で一番多い姓）か、社長の家に当たる」と言われるほどです。

韓国人にとって社長の肩書きは、日本人が思うよりはるかに大切です。それで社長になると、名刺に大きく「株式会社〇〇社長」という肩書きを入れて喜びます。また、自宅アパートで細々と開業するような場合でも、会社の住所にわざわざ「本社」と入れたりすることもあります。それほど、韓国人は見栄っ張りなのです。

もちろん、起業しても必ずしもうまくいくわけではありません。韓国ではよく、「退職者が店を出しても3年で5割、5年で9割が閉店する」と言われ、長持ちするビジネスを生み出すのは容易ではありません。背景にあるのは、すぐにまねすることです。どこかの店が繁盛しはじめると、我も我もとあちこちに同じような店を始めるので、一時的なブームが起こったかと思うと、あっという間に消えてしまうのです。それに、韓国人が新しもの好きであるということです。韓国人には「古いもの＝悪い、新しいもの＝良い」という価値観が染みついていて、とにかく新しいものに飛びつく性質があるのです。日本人が歴史と伝統のある老舗を大事にするのとは対照的です。

『パラサイト』で、キム家の父ギテクと、地下室に住み着いていたオ・グンセがともに、台湾カステラの店を開いていたのは単なる偶然ではありません。2016年、韓国では空前の台湾カステラブームが起きていたのです。当時のソウルでは、数百もの台湾カステラ店がオープンしていたとも言われています。おいしそうな香りとインスタ映えする見た目で大流行した台湾カステラですが、あるテレビ番組で製法や材料が粗悪であることを公開され、一気にブームは終わります。

韓国人は新しもの好きなので、逆に言えば、目新しさがなくなるとすぐに飽きてしまいます。それで、店を出しても失敗する人が多いのです。

50歳になるかならないかで定年を迎え、「牛の尻尾より鶏の頭！」と意気込んで、経験があろうがなかろうがおかまいなしに開業して、ブームに乗り損なって大損害を出す。キム・ギテクとオ・グンセの姿は、まさにこうした韓国人を描いているわけです。

子どもに尽くして貧困化する高齢者

韓国では、カップルが結婚する際、男性が家を、女性が家具一式を用意する慣習があると紹介しました。しかし20～30代の男性の中で、家を買えるほどの経済力を兼ね備えている人は決して多くありません。そこで多くの男性は、家の購入資金を親に援助してもらいます。

日本の親は、子どもが社会人になったら子育ては終わりだと捉えている人が多いと思います。でも韓国の親は、結婚式や新婚旅行の費用、家の購入資金まで出すのが普通です。「子どもはいつまで経っても子ども」だと考え、結婚式が予算不足でみすぼらしくなったり、結婚時に家がなかったりすると、親としての責務を果たせなかったと深い罪悪感に苛まれるのです。

韓国では私立大学で4年間学ぶ間に生活費を含めて1億～2億ウォン（約1000

万〜2000万円）くらいかかるそうですし、[36] 結婚式や家の購入にも大金が必要です。日本では子ども1人が成人するまでに2000万〜3000万円かかると言われますが、韓国ではもっと多くの費用が必要になるでしょう。子ども1人を育てるのに5億ウォン（約5000万円）かかるという試算もあるほどです。その結果、韓国の高齢者には老後資金を貯める余裕がないのです。

昔のように子どもがたくさんいた時代なら、老後資金がなくても何とかなったのかもしれません。少なくとも20年前なら、子どもたちがお金を出し合って親の生活を支える家族が一般的でした。当時の韓国では、年配者を敬い、家族を大切にする価値観が強かったのです。しかし今は、そういうわけにはいきません。

若い世代はIMF経済危機以降、急激に個人主義になりました。また、仮に親を大事にしたいと思っても、経済的に余裕のある若い世代は少ないのです。子どもの数が少なければ兄弟で負担を分け合うこともできません。

韓国保健社会研究院が行った調査によると、「年取った親の扶養責任は子どもにある」と考える韓国人は15年前より半減し、21％に過ぎませんでした。[37] 対して、これに反対する人は49％もいたのです。

親を大事にする韓国人が激減したこともあり、高齢者は自力で生活費を得るしかなくなっています。その結果、韓国人高齢者の貧困率は信じがたいほど高くなっています。OECDのデータによれば、韓国の貧困率は男性が35％、女性が45％を超えていて、OECD加盟国の中でも最悪です（**図6**）[38]。

子どもたちからの支援は期待できない。年金でもらえる額も不十分。その上、虎の子の退職金は起業などに費やしたあげく、失ってしまう。そうした境遇に追い込まれる韓国人高齢者は実に多く、大きな社会問題となっています。

韓国人高齢者の自殺率が極めて高いのは、このような彼らのおかれた状況の厳しさを表しているのです。

○国際的に見ると、高齢者（66歳以上）の貧困率は、女性の方が男性より高い水準にある。
○日本の高齢者の貧困率は、女性は22.8%で男性は16.4%となっており、いずれもOECD平均を上回るが、国際的な傾向と同様に女性の方が高い水準にある。

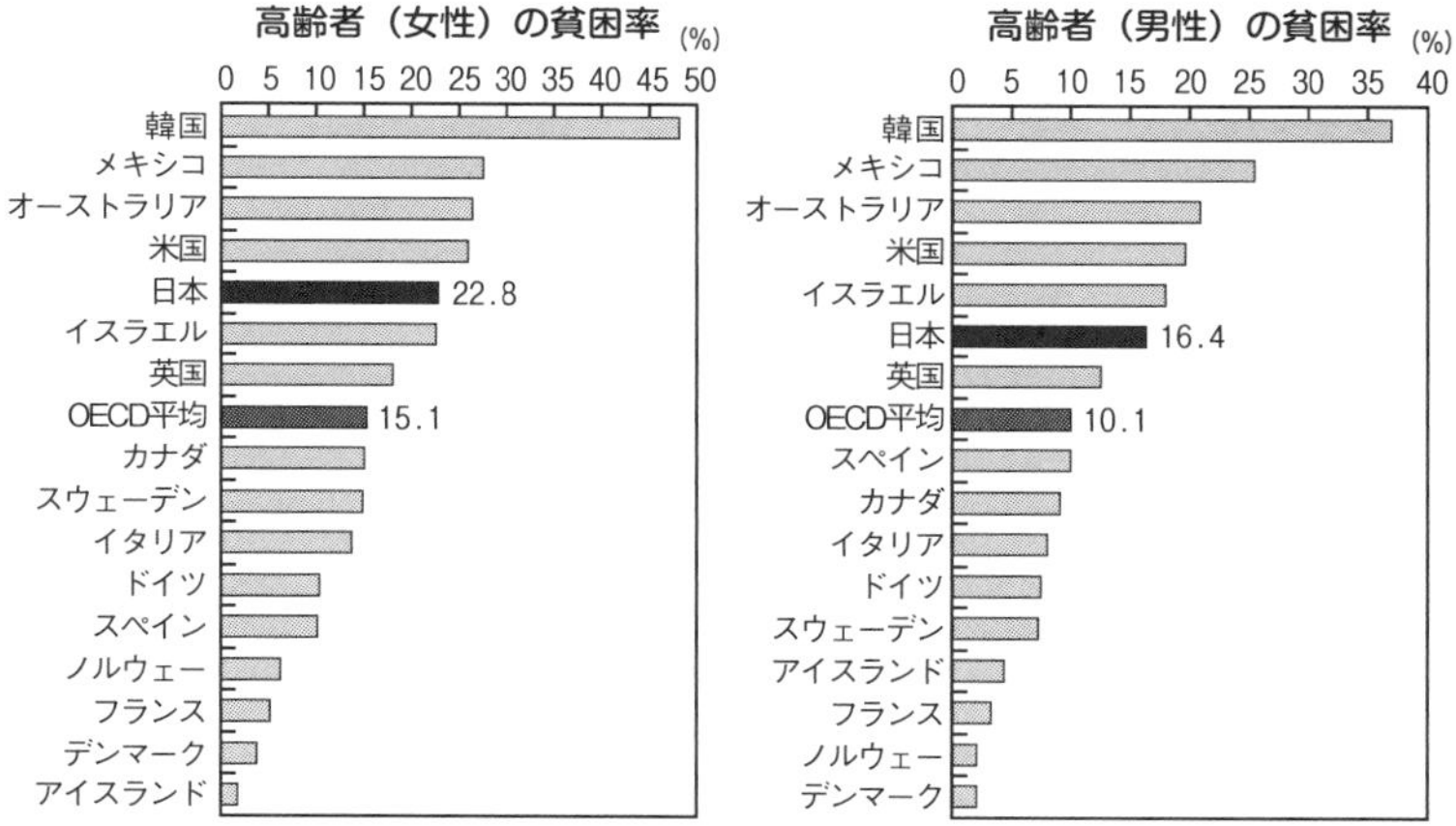

（備考）
1．OECD「Pension at a Glance 2021」より作成。
2．日本については、平成30(2018）年のデータ。なお、日本の高齢者は65歳以上である。
3．貧困率の定義は、所得が全人口の家計所得の中央値の半分を下回る人の割合。

図６　高齢者の貧困率（男女別）の国際比較
文献38 6-2図より引用。

コラム②

韓国が「電子政府先進国」になった理由

韓国は世界的なIT大国です。イギリスの調査会社「OpenSignal」によれば、2019年における韓国の4Gカバー率は97・5%で、調査対象国の中でトップでした。[39] また、アメリカの調査会社「Pew Research Center」によると、韓国のスマートフォン保有率は95%で、これも調査対象国の中ナンバーワンでした。[40]

ITに強いのは民間だけではありません。政府のデジタル化も進んでいます。電子政府に対する各国の取り組みをまとめた国連の報告書では、2020年における韓国の電子政府ランキングが2位に入りました。韓国で公的な手続きをする場合、役所にわざわざ出向く必要はありません。スマートフォンやパソコンを操作し、役所のオンラインシステムに接続すれば、住戸変更手続きや住民票の発行などの手続きが済んでしまいます。ちなみに、同ランキングで1位になったデンマークは、スカイプ（Skype）やスポティファイ（Spotify）といった世界的なITサービスを生み出した国です。また、3位のリトアニアは、1990年代からデジタル政府への取り組みをスタートし、今では行政手続きの99％が電子化されていると言われています。韓国は、そうした電子政府先進国に肩を並べているわけです。

韓国が電子政府に舵を切ったのも、1997年のIMF経済危機がきっかけでした。翌年に大統領となった金大中は「デジタル・ニューディール政策」を掲げ、そこから政府がデジタル化を推進しはじめたのです。韓国は北朝鮮との間で長い間戦争状態にあり、たくさん送り込まれてくるスパイを防ぐ必要もあり、早い時期から国民全員に「住民登録番号」と呼ばれるIDを割り当てたり、役所での指紋登録を義務づけたりしていました。それが電子政府化を進めやすい土台になっていた面もあります。

さて、『パラサイト　半地下の家族』の冒頭で、キム家の息子ギウと娘ギジョンがフリーWi-Fiを家中探し回るシーンがあります。これは韓国人には納得の演出でした。役所への手続き、銀行とのやり取り、ショッピング、友人との会話などはすべてネットとデジタルに依存しているからです。それが裏目に出たのが、2022年に起きたカカオトークの大規模トラブルでした。

カカオトークは日本でよく使われているライン（LINE）と似通ったサービスで、

チャット機能や通話機能、さらに決済や予約などの機能も持つアプリです。2022年時点での韓国内ユーザー数は4500万人以上とされており、韓国人の9割以上が使っている計算になります。まさに、韓国人にとって重要なライフラインの一つです。

そんなカカオトークは2022年10月16日から5日間以上にわたり、サービス障害を起こしました。このとき、カカオトーク経由で予約や決済を受け付けていた企業はのきなみサービスが提供できなくなり、コミュニケーションも不可能になり、国民生活が深刻な影響を受けたのです。韓国ではこのときの状況を「デジタル停電」と呼んだほど、大きなトラブルでした。電子化には、脆弱性もつきものなのです。

韓国は、自国をIT大国だと自認しています。ただ、最近ではそうした状況にも変化が現れつつあります。超高速インターネットの通信インフラで、韓国は数年前まで世界トップレベルでした。ところが2023年、韓国の固定ブロードバンドの平均ダウンロード速度が世界34位に転落したと報道されたのです。[41] また、スーパーコンピュータなどの分野では、日本やアメリカなどに太刀打ちできません。

IT分野でも、韓国には基礎研究軽視、応用研究重視の傾向があります。これが韓国にとってアキレス腱になっているのではないかと、私は見ています。

第3章

詐欺と一攫千金願望ストレス

『愛の不時着』『イカゲーム』等を題材に

韓国の詐欺件数は日本の数十倍

ここまでにご紹介してきたように、韓国は世界のＯＥＣＤ加盟国で最も自殺率が高い国で、かつ、最も出生率が低い国です。また、高齢者の貧困率でも世界で最悪だとされています。

そしてもう一つ付け加えたいのが、詐欺発生率の高さです。

現代の韓国は、「詐欺大国」でもあるのです。ある韓国人検事は、詐欺の件数があまりにも多い現状を指して、「韓国は詐欺共和国だ」と自嘲するほどで、『詐欺共和国で生き残る』という本を出しています。検事である本人も詐欺にあい、以降、この社会から詐欺をなくそうと、「詐欺専門担当検事」をされたそうです。

この本には、以下のような詐欺予防10戒が明記されています。

1．詐欺に関心を持て

2．他人を簡単に信じるな

3. 人をよく分別しなさい
4. 欲望の泥沼から逃れなさい
5. 取引は慎重にしなさい
6. 徹底的に確認をしなさい
7. 法律を過信するな
8. 迅速に対応しなさい
9. 相手の立場から考えなさい
10. 自分の魂を守りなさい

以上の中に、「他人を簡単に信じるな」がありますが、それほど他人を信じられない社会というのも悲しいことです。

２０１１年における韓国の詐欺件数は22万件。しかし２０２１年には35万件にまで増えています。[42]これに対し、２０２２年における日本の詐欺件数は１万７５７０件でした。[43]日韓では統計の取り方などが異なるため単純比較はできないのですが、韓国の詐欺の多さは異常です。それでも親戚や友人から詐欺にあった場合は告訴しにくいため、これらのデータには盛り込まれていないはずだからです。

日本を含む一般的な国で最も多い犯罪は窃盗です。これに対し、韓国の犯罪で最も多いのは詐欺で、続いて交通犯罪、暴力犯罪、窃盗罪の順でした。[44]「14歳以上である国民の100人に1人が、1年の間に詐欺にあう[42]」「韓国の人口10万人あたりの詐欺件数は、日本の16倍に達する[45]」など、不名誉な報道もたくさんされています。

昔は韓国ではスリがたくさんいて、街を歩くとバッグを切られたりしました。日本人観光客の被害も多かったと思います。

しかし、今はスリをしても儲からない。現金は持っていても数万円程度で、ほとんどカードで支払いますから、命がけでスリをしても見合うものは得られません。だから今はちっぽけなお金ではなく、一攫千金狙いの大きな金額の詐欺に移行したのです。

コロナ禍に襲われた2020年以降は、インターネットなどを悪用した「デジタル詐欺」も増えました。例えば、子どもを名乗る人からスマートフォンにメッセージが届き、それに従って操作するうちにスマートフォンに遠隔操作アプリがインストールされ、インターネットバンキング経由でお金を奪われるなどの手口です。[46] いわゆる「振り込め詐欺」のスマートフォン版と言えるでしょう。

日本でも特殊詐欺（振り込め詐欺、あるいはいわゆる「オレオレ詐欺」）が増えて社会問題になっていますが、韓国ではさらにたくさんの特殊詐欺が起きています。

２０２１年における韓国の特殊詐欺発生件数は、人口10万人あたり60・0件。これは、日本の11・6件の5倍以上でした。

コロナ禍で、韓国では投資ブームが起き、投資経験のない人たちですら我も我もと投資に走りました。このブームに乗った素人の投資家たちによる「投資詐欺」が蔓延するようになりました。金融の多段階投資をはじめ、ファンドや株投資を装った詐欺、高収益貯蓄型保険投資勧誘、マルチ商法詐欺などが一気に増えました。不動産投資を偽装した詐欺や不動産詐欺問題は、ここ最近連日のように韓国のトップニュースとなっています。

韓国では２０２１年、元刑事の主人公が振り込め詐欺の犯人グループを追いかける様子を描いた『声／姿なき犯罪者』という映画が公開され大ヒットしました。このように映画化されてたくさんの観客を集めるほど、特殊詐欺は社会的な大問題になっているわけです。

見ず知らずの人に詐欺を行うケースは韓国でも多々あります。しかし、家族や親戚、友人をだますケースも非常に多いのです。普段から顔なじみのためお金をどれだけ持っているかもよく知っており、詐欺犯は身内をターゲットにするのでしょう。また、相手が身近な人であれば、もしトラブルになっても示談で済ますことができ、起訴されずに済むという考えがあるからです。


韓国では、詐欺犯に対する刑罰が軽いことも問題視されています。例えば2014年、ベトナムで日本人経営者に対する詐欺事件が起きましたが、このとき主犯の女性は終身刑に処されました。[47]ところが韓国では、仮に4億ウォン（約4000万円）の詐欺をして捕まっても、懲役3年程度が相場になっているようです。

詐欺事件の犯人を捕まえても、だまし取ったお金を取り戻すことは難しく、犯人の中にはお金を隠し通し、出所後、まんまと自分のものにしてしまう輩も少なくないようです。彼らは「4億ウォン奪って3年で刑務所を出られるなら、刑務所暮らし1年あたり1億3000ウォン（約1300万円）。これなら悪くない収入だ」と考えているのかもしれません。とにかく、刑罰が軽く気軽に着手できるので、同じ人間が何度も詐欺を繰り返してしまうのです。

韓国ではよく「最初にだまされたときはだました奴が悪いが、２度目にだまされたときはだまされた本人が悪い」という言い方をします。あまりに詐欺が多いので、常に警戒心を持たなければ暮らせないのです。

韓国の人口は５０００万人あまりです。これに対し、年に30万件の詐欺事件が起きるということは、年に０・６％の人が詐欺の被害にあっているということになります。もちろん、１人が複数回被害を受けるケースもありますから単純には言えませんが、それでも、韓国の詐欺件数の多さは異常です。

韓国の犯罪率は過去30年間で2倍以上に増えています。[48] そして、詐欺以外にＳＮＳ上でのサイバー暴力も徐々に増えているのです。こうしたデータからも、韓国の殺伐とした雰囲気が伝わってくるようです。

詐欺を題材にした映画・ドラマ作品の多さが世情を物語る

韓国には、詐欺師が登場する映画やドラマがたくさんあります。既に紹介した『パラサイト　半地下の家族』は、まさにその筆頭でしょう。

ここでは他に、世界的にヒットした2つのドラマを挙げておきます。『愛の不時着』と『イカゲーム』です。『愛の不時着』は恋愛ロマンスのドラマとされていますが、こうした視点で観てみるのもおもしろいでしょう。

『愛の不時着』は、2019年に放送が開始されたテレビドラマです。最初は韓国国内で放送され、次いでネットフリックス（Ｎｅｔｆｌｉｘ）を通じて世界中に配信されました。アジア圏では視聴者数ランキングで軒並み上位に入り、欧米でも大きな人気を獲得。日本でも「2020、日本で最も話題になった作品ＴＯＰ10」第1位を獲得したり、流行語大賞のトップ10入りを果たしたりするなどの結果を残しています。

作品の主人公は、ソン・イェジンが演じる女性のユン・セリと、ヒョンビンが演じる男性であるリ・ジョンヒョクの２人です。セリは韓国の財閥令嬢ですが、第１章でも軽く触れたように、決して「深窓の令嬢」というタイプではありません。複雑な家庭環境で育ち孤独に耐えながら、自分の力でアパレルブランドや化粧品の会社を立ち上げて成功を手にするほど、行動力と決断力を兼ね備えた女性です。一方、ジョンヒョクは北朝鮮で最上流出身党幹部の息子で軍人です。小さい頃からピアノ演奏の才能があり、スイスに音楽留学をしていたこともあったのですが、軍人だった兄が事故死したことでピアノを諦め、軍人になりました。正義感が強く、謙虚で誰にでも優しい。その上、鍛え上げられた肉体でヒロインを守る、理想的な男性として描かれています。

ドラマは、セリがパラグライダーで飛行中に竜巻に巻き込まれるところから始まります。彼女は韓国と北朝鮮の国境を越えてしまい、北朝鮮軍に捕まりそうになったところを、ジョンヒョクによって助けられました。ジョンヒョクとセリは一緒に脱出計画を練り、逃亡する中で恋心を育みます。そしてセリはついに韓国に戻れたのですが、離ればなれになったことでジョンヒョクもセリも自らの本心に気付いたのでした。そしてさまざまな困難を乗り越えた後、２人は運命の地で再会するという王道のラブストーリーです。

もう一方の『イカゲーム』は、ネットフリックスのオリジナルドラマです。配信されたのは２０２１年で、こちらは94カ国でランキング1位に輝き、世界的ヒット作となりました。

主人公は、イ・ジョンジェ扮する男性のソン・ギフンです。彼は事業に失敗して多額の借金を抱えており、取り立てから逃げる毎日を送っています。自堕落な生活を送っていますが、人の世話を焼くのが好きだし、決して希望を失わない男でもあります。ギフンは3年前に妻と離婚し、愛する娘の親権を奪われました。しかし、娘ともう一度暮らしたいと願い、借金を返して親権を取り戻そうとしていました。そこに、大金が稼げるという「イカゲーム」の招待を受け、参加することに決めます。それは、謎の主催者による子どもの遊びを模した命がけのサバイバルゲームで、ギフンと同じように多額の借金を抱え、一攫千金を狙う者たちが集められていました。そこでギフンは勝ち抜き、巨額の賞金を賭けた最終戦に臨む、という流れになっています。

『イカゲーム』には主人公をはじめ、大金を求める人々がたくさん登場します。彼らは時に他の参加メンバーをだまし、裏切ってゲームに勝ち抜くので、いわば、登場人物の多くは詐欺師の側面があるわけです。

一方、『愛の不時着』にはク・スンジュンという登場人物がいます。彼はセリの兄・セヒョンから大金をだまし取った詐欺師ですが、北朝鮮で恋をすることで心に変化が生じる人物として描かれています。

詐欺師が登場する韓国ドラマや韓国映画は、他にもたくさんあります。それだけ韓国では、日常生活の中に詐欺が横行しているのです。

10年後の100万円より今の10万円を選ぶ韓国人

日本人は一般的に、リスクを冒して投資で大儲けするより、安全にコツコツ貯蓄をする道を好みます。

日本銀行が2022年に公表した「資金循環の日米欧比較[49]」によると、日本人の金融資産のうち54・3％が現金・預金によって占められていました。これは、アメリカの13・7％やユーロエリアの34・5％よりずっと高い比率です。

一方、投資信託と株式の合計が金融資産に占める割合は、日本が14・7％であるのに対し、アメリカは52・4％、ユーロエリアは29・9％でした（**図7**）。このデータ

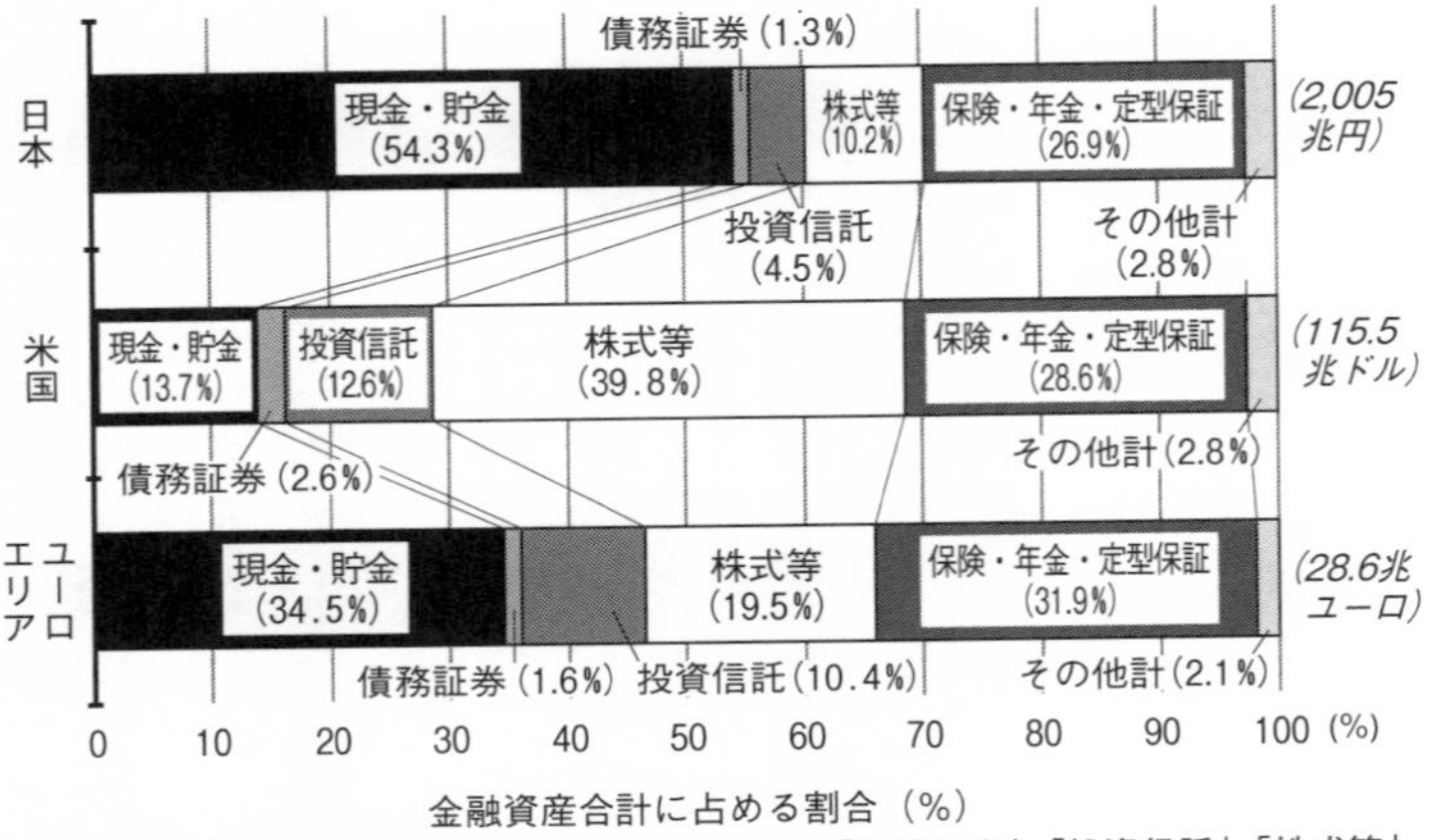

＊「その他計」は、金融資産合計から、「現金・預金」、「債務証券」、「投資信託」、「株式等」、「保険・年金・定型保証」を控除した残差。

図７　家計の金融資産構成

文献49 図表2より引用。

を見ても、日本人が貯蓄好きであることが伝わってきます。

では、韓国人は投資と貯蓄のどちらが好きかと言えば投資です。日本人のようにコツコツ貯める人は、韓国人ではばかだと言われます。

２０２１年、個人の韓国人（家計）が保有している国内外の株式残高がはじめて１０００兆ウォン（約１００兆円）に達したと公表されました。[50] しかも株式投資のかなりの部分は、借金によることが推測できます。

一方、銀行預金が家計に占める割合は、２０２０年の43・2％から40・5％に下がっています。また、既に述べたように韓国では不動産投資も活発に行われていて、「預金より投資」の流れができあがっているのです。

韓国人が投資好きな理由の一つは、時の流れとともにお金の価値が大きく変わることです。

私がはじめて日本にやってきたのは約40年前ですが、野菜などの値段は当時と今とでほとんど変わっていません。これに対し、韓国の物価は40年間で10倍以上高くなったと感じますし、この10年間だけ見ても、驚異的な物価高になっています。10年前は、月に１００万ウォン（約10万円）あれば田舎で家族４人が十分暮らしていけました。ところが今は、１００万ウォンでは１人分の生活費にも満たないかもしれません。そして、不動産などの価格はみるみるうちに急上昇していったのです。

こういう状況ですから、預金して10年後に１００万円のお金を受け取るより、今10万円をもらって投資に回し、お金を10倍、20倍に増やす方が賢いというのが、多くの韓国人の考え方です。

一発逆転できる博打が好きな韓国人

コツコツ貯めるより一発逆転が好きな韓国人は、よく博打をします。『イカゲーム』の主人公であるギフンも、娘の誕生日プレゼントを買うために母親のお金に手を出し、ギャンブルで増やそうとして失敗します。これは日本人からすればどうしようもないダメ人間の発想ですが、ギャンブル好きな韓国人には共感できるものです。

ただし、韓国では2006年にパチンコ店が全廃されましたし、競馬や競輪といった公営ギャンブルは日本ほどの人気がありません。また、韓国のカジノは日本人には有名ですが、韓国に住む人は韓国国内のカジノを利用できないことになっています（在日韓国人は利用可能です）。

韓国で一番好まれているギャンブルは、花札です。韓国では「花闘（ファトゥ）」と呼ばれ、日本統治時代に普及して今もよく遊ばれています。人が集まれば必ずといっていいほど誰かが花札を持ち出して遊んでいますし、韓国ドラマなどでも登場人物が花札をしている場面をよく見かけます。

３人集まったら大抵花札をやります。ですので、海外の空港で飛行機の待ち時間に床に座って花札をやっているのは韓国人です。外国のカジノに行く韓国人は実に多いです。花札でお金を賭けることは韓国の法律で禁止されているので、女性が花札をするときは、負けたら「しっぺ」をするくらいです。ところが大人の男性の場合は、お金を賭けた博打も盛んにされています。

一般的には、わずかな金額を賭けて楽しむ程度にやっています。しかし、中には多額のお金をつぎ込んでしまい、全財産を失ってしまうケースもよくあります。

韓国でよく言われるのは「浮気する夫よりももっと怖いのは博打する夫」。それぐらい博打にはまってしまう男性がたくさんいるわけです。ひどいことになると、家も何もかも持っていかれてしまうという話もよく聞きます。

日本人でも、パチンコや海外のカジノで勝ったり負けたりしたという話は耳にしますが、そのほとんどが娯楽として楽しむ程度でしょう。しかし、投資や賭博が好きな韓国人は、手持ちの資金を投じて大儲けを狙う傾向がとても強いです。その中で問題になっているのが、退職金を投資に回し、大失敗して悲惨な老後を迎えるケースです。

既に述べたように、韓国の年金制度はまだまだ不十分で、高齢者の生活を年金だけでまかなうことはできません。そこで、韓国人は自分たちで老後資金を確保する必要があるのですが、その中で大きなウェイトを占める退職金を投資で失うケースが多く、専門家たちは盛んに警鐘を鳴らしています。

退職金をはじめとする大切なお金を一瞬で失い、生きる希望を失うケースは後を絶たず、それが社会全体のストレスにもつながっているのです。

目立ちつつあるソシオパスの存在

『パラサイト』に登場するキム家の4人は、詐欺行為を働くとき、良心の呵責を一切感じていないように見えます。こういう人々は「ソシオパス（社会病質者）」と呼ばれ、韓国ではいろいろな心理学者が取り上げてホットな話題となっています。

ソシオパスには、以下のような特徴があるそうです。

・法律を軽視し守らない
・嘘をついたり人をだましたりする

・衝動的、無計画に行動する
・暴力的である
・他人や自分の安全を顧みない
・無責任な態度をとりがち
・他人を傷つけても反省しない

キム家の４人は、まさにこうした特徴を兼ね備えていると言えるでしょう。なお、似たような概念に「サイコパス（精神病質者）」もありますが、サイコパスが先天的であるのに対しソシオパスは後天的、サイコパスが犯罪に手を染めるときは計画的で、「明らかな悪人」ですが、ソシオパスは無計画で、表面上はとても親切で優しく、話術に長け、「まさか詐欺師とは思わなかった」と驚かれるほど衝動的という違いがあります。

またソシオパスは一見、とても魅力的に映るようです。その実、心の中はとても利己的で、良心のかけらも持ち合わせていません。他人をだましても、相手が受ける苦痛など痛くもかゆくもないのです。普通の人は、悪いことをすると「恥ずかしい」とか「申し訳ない」と感じるものですが、ソシオパスにはそのような感情が一切わきません。堂々と周囲の人をだまし、利益を得ようとします。中には、自分の親や子どもさえだましてしまう人もいるほどです。

韓国でソシオパス問題専門家の一人であるバク・サンミ氏によれば、このような人の特徴に、「とても思いやりがあるように見えるが、実はとても計算的だ」「カリスマ的リーダーシップがあり、とても強そうに見える」「自分の過ちがばれたとなれば、被害者を装う」「嘘がずば抜けてうまく、自分をすごい人間だと思っている」などと言っていました。また、詐欺罪で刑務所に入った場合、刑務官ですらまんまとだまされてしまうのだそうです。

２０２０年に大流行した韓国ドラマ『梨泰院《イテウォン》クラス』の主要登場人物に、チョ・イソという女性がいます。人気ブロガーで知能指数が高いけれど、自己中心的で周囲の人を困らせる役柄です。このドラマが作られた頃にはソシオパスの話題がよく持ち上がっていたので、イソのキャラクターにはソシオパスの要素が意識して盛り込まれていたと思われます。

また、『愛の不時着』にはチョ・チョルガンという悪役が登場していました。この男は子どもの頃から天涯孤独で、ストリートチルドレンとして生きていた時期もあります。そして北朝鮮軍に入ってからは、悪事に手を染めて得た金で上官に賄賂を贈り、出世コースに乗りました。その後も、ジョンヒョクの兄を事故に見せかけて謀殺したり、事故の目撃者を殺したりするなど、悪事を重ねていきます。そしてジョンヒョクやセリをしつこく追いかけ、韓国に潜入してセリを狙います。このチョ・チョルガンも、法律を軽視し、他人を傷つけても反省しないところは、まさにソシオパスの特徴に当てはまっています。

ソシオパスは後天的ですから生活環境などによって誰でもなる可能性があると言えます。例えば、悪いことをしても親から叱られなかったり、強いストレスを受けたりしたことが原因になり得るといわれています。

現在の韓国は、社会的格差の拡大、拝金主義の蔓延、競争社会の激化などで、社会全体のストレスが高まっています。こうした中、ストレスを抱えてソシオパスになってしまう人は、さらに増えてしまうかもしれません。

『イカゲーム』が韓国で人気になった理由

既に述べたように、『イカゲーム』の主人公であるギフンは事業の失敗やギャンブルによって多額の借金を抱えています。ゲーム参加時には、高利貸しから1億6000万ウォン（約1600万円）、銀行から2億5500万ウォン（約2600万円）を借りていたことが明らかにされていました。

他の参加者も似たような状況でした。ギフンの幼馴染でソウル大学校を首席で卒業したチョ・サンウには、全部で60億ウォン（約6億円）の借金がありますし、他の主要人物にも借金を抱えている人がたくさんいます。また、北朝鮮からの脱北者であるカン・セビョク、パキスタンからやってきた出稼ぎ労働者のアリ・アブドゥルなども、経済的に厳しい状況に置かれていました。ほぼすべての参加者は、社会的弱者です。

ゲームには全部で456人が参加しています。ドラマの中では全部で6つのゲームが行われ、敗者は次々に消えていきました。そして唯一生き残ったギフンは、456億ウォン（約46億円）を手に入れたのです。

ゲームに参加した社会的弱者たちが無残な死を遂げ、たった一人の勝者だけが莫大な賞金を獲得できる。これが『イカゲーム』の構図です。

もし勝者が40人いて、それぞれに10億ウォン（約1億円）の賞金が出るとしたらどうだったでしょうか。1億円あれば参加者の多くは借金を全額返済し、新たな人生を再スタートできたはずです。けれども、そんなストーリーであれば『イカゲーム』の人気は盛り上がらなかったでしょう。少なくとも韓国では、誰も見向きもしなかったはずです。なぜなら、韓国人は一攫千金を狙える博打が好きですし、「足るを知る」という精神も持ち合わせていないからです。頂点に立たなければ達成感は得られないのです。

哲学者のショーペンハウアーは、「富は海の水に似ている。それを飲めば飲むほど、のどが乾いてくる」と言いました。韓国人にとってのお金は、まさに海水のようなものです。1億円稼いだからといってそこで満足する人は、韓国ではほぼいないと言えます。

そうした韓国人に共通した心理があるからこそ、『イカゲーム』は韓国で大人気を博したのだと思います。

今日の富豪が明日は貧乏人になるのが当たり前の社会

『イカゲーム』に登場するサンウは、ソウル大学校の経営学部を主席で卒業し、大手証券会社で働いていたスーパーエリートです。彼の母親は鮮魚店を営んでいて、決して裕福ではありません。つまり、親の地位や財力などに頼らず、己の実力だけで上流階級へとのし上がったわけです。サムスン証券など大手証券会社の平均年収は1億ウォン（約1000万円）を超えていると言われますから、やり手証券マンだったサンウはそれ以上の収入を得ていたと想像されます。韓国においては、かなりの高給取りだったわけです。

『パラサイト』に出てくる地下室にずっと潜んでいたオ・グンセも、子ども時代は裕福な家庭で育ったのかもしれません。根拠は、彼らが「モールス信号」を知っており、貼られていたモールス符号の一覧表に、「한국스카우트연맹（韓国スカウト連盟）」という文字が入っていたことです。

モールス信号とは、短い符号と長い符号とを組み合わせ、文字や数字を表すものです。電話などの通信手段がなかった時代や場所で、連絡を取るために使われました。例えば救難信号の「ＳＯＳ」を伝えたいときは、「・・・―――・・・」（トトト＝Ｓ、ツーツーツー＝Ｏ、トトト＝Ｓ）と電信を打ちます。

オ・グンセはもしかすると兵役時代にモールス信号を習ったのかもしれませんが、ボーイスカウトの団体ではモールス信号を教えているところがあります。ボーイスカウトは、誰もが入れるものではありません。ある程度の地位や財力がなければ加入できないのです。つまり、一覧表が彼のものであるとすれば、幼少期は裕福な家庭に育ったことがうかがえるのです。

既に説明したように、韓国には一攫千金を手にして、貧しい状況から富裕層に成り上がる人が少なからずいます。一方、ちょっとした不運に見舞われ、富裕層から貧困層に転落する人も珍しくありません。ネットフリックスで配信中の『セレブリティ』という韓国ドラマも、主人公のソ・アリは資産家の家庭に育ちアメリカのアイビーリーグの大学に入学しましたが、父親の事業が倒産で自主退学、しかし、インスタグラムでセレブインフルエンサーにのし上がっていくというストーリーです。

貧困層に転落する原因はさまざまです。多くの場合は、事業の失敗ですが、だまされるケースも多いです。

中年層なら、40代後半から50代前半に定年を迎え、そこから事業に手を出して失敗するパターン。そして高齢者なら、子どもの教育費をはじめ結婚費用や家の購入、投資資金の支援などでお金を使い果たし、資産を全く蓄積できなかった人が実に多いと言われます。

しかし韓国には、ゼロから成り上がる「コリアン・ドリーム」の道が多くあります。実際に戦後、漢江の奇跡と言われる経済的発展を遂げ、特に1997年IMF通貨危機を経て、勝ち組と負け組がはっきりとしてきました。しかし全体的にはGDPが急激に上昇し、日本に近づくほどの豊かな社会となりました。新たな発想を持つ人は勝ち組となった分、豊かな人々が転落する危険性もかなり大きい社会と言えるのです。

身近にゼロから成り上がった人を横目に見ながら、自分も後に続かんとばかりにその機会を狙って奮闘しますから、コツコツ働いて貯める行為はばかばかしいとしか思わないのです。「やればできる」という挑戦するエネルギーは、韓国人の自慢でもあります。そして誰もが、いとも簡単に挑戦し、あっけなく失敗に終わるケースも多くなるのです。

成功と失敗の浮き沈みは激しく、それでもストレスをエネルギーに変えて頂点を目指そうとする韓国人の精神は驚異的とも言えます。

増える働かない若者

一攫千金は、多くの韓国人が持っている願望です。そのため近頃の若者は、悪戦苦闘しながら働くことを嫌う傾向が強まっています。

２０２３年、韓国政府は１週間の労働時間の上限を、現在の52時間から69時間に引き上げる計画を発表しました。企業が繁忙期に入ったときに柔軟に対応でき、代わりに長期間の休みを取りやすくすることでメリハリのある働き方ができるようになる、というのが政府の説明でした。

これに対し、若者世代は大反発をしました。韓国では２０１８年、それまで週68時間だった労働時間の上限が52時間に引き下げられたばかりでした。それなのに以前より労働時間を延ばせば、労働者は疲弊して過労死やうつ病患者が増えるとの声が高まったのです。

ＯＥＣＤによると、加盟国の平均労働時間は年間１７５２時間でした。昔は「働きバチ」「企業戦士」と揶揄された日本ですが、現在の平均労働時間は１６０７時間で、ＯＥＣＤの平均を下回っています。一方、韓国の平均労働時間は１９０１時間で、調査対象の45カ国中ワースト５位でした[51]。

韓国の経営者たちは、若者にもっと長時間働いてもらいたいと思っています。新型コロナウイルスの感染拡大でここ数年低調だった経済が持ち直し、さまざまな分野で需要が増えると考えられているからです。

しかし、今の若者たちはあまり仕事をしたがりません。韓国の通信社であるニューシスが行った調査によれば、韓国のMZ世代（１９８１～２０００年代初旬の生まれ）で政府の週69時間勤務案に反対している人は80・４％もいました[52]。また、現在の制度である週52時間勤務制に対しては、59・４％が「もっと減らすべきだ」と回答しています。最も適切な勤労時間として「週40時間」を66％の若者が支持しています。

不本意な就職しかできず、仕事にやりがいを感じていない人だけがこう望んでいるわけではありません。厳しい競争を勝ち抜き、大手企業に入社できた人たちも、労働時間の短縮化を求めています。「他人の下で身を粉にして働くのはばかげている。お金さえ手に入ったら、仕事を辞めてマイペースに生きたい」という考え方が、韓国の若者の主流になっています。

世界では今、「ＦＩＲＥ《ファイヤー》」という生き方が広がっています。これはFinancial Independence（経済的な自立）、Retire Early（早期リタイヤ）の頭文字を取ったもので、一生暮らせるだけの資金を確保し、定年が来る前に早めに退職して悠々自適を目指すものです。韓国でもＦＩＲＥを目指す人は増えていて、それが株式や不動産投資が活性化する一因になっています。

実際にお金を儲けて、ＦＩＲＥするならいいのです。たとえば若者の中には、一攫千金を目指して投資や起業に乗り出したり、ユーチューバーに転身したりする人も相当数います。しかし、それで成功する人は一握りで、あとの人は失敗して無職になってしまいます。結果、親に面倒をみてもらいながら家でゴロゴロしている人を、韓国ではよく見かけます。

そういう若者がレストランやホテルの清掃業、介護といった人手不足の業界で働くのであればいいのですが、それは難しいようです。既に紹介したように韓国は世界でもトップクラスの高学歴国で、大卒者はいわゆる3K（きつい・汚い・危険）の仕事を、本人だけでなく親まで極端に嫌がるのです。

そこで韓国人の代わりに活躍しているのが、外国人労働者です。

2009年時点における韓国の在留外国人数は、117万人でした。[53] ところが、2019年には252万人と、2倍以上に増えています。

コロナ禍によって在留外国人数は頭打ちになりましたが、今後はさらに増えていく公算が大だと思います。なお、在留外国人のうち最も多いのは中国人で4割以上を占め、続いてベトナム人、タイ人、アメリカ人、日本人と続きます。

私は先日、ユーチューブでベトナムやスリランカ、パキスタンといった国から韓国にやってきた人たちを取り上げた映像を見ました。彼らは母国の家族にたくさん仕送りをしたり、一族を巻き込んで輸出入のビジネスをして成功したりしています。彼らは韓国に働きに来るために言葉も勉強してくるそうです。

あるパキスタンの人は、韓国で8年ぐらい仕事をしたそうです。最初は工場で働いきながら、仕事の合間に自分のビジネスをやっていきます。韓国の中古の機械部品等をパキスタンに送って、パキスタンではそれを家族が売って商売にしていたそうです。韓国人のユーチューバーがパキスタンに帰った彼に会いに行くと、とてつもなく大きな家を建てていました。銃を持ったガードマンが数人立っていて、家の中で働いている人たちがたくさんいる状態です。日本や韓国では、いくら金持ちであってもそのような大きな家はなかなか建てられないというほど巨大な家で、男性のスペースと女性のスペースが別にあり、リビングは宮殿のように豪華な部屋でした。

また、パキスタンでは、いい車を持っていることが金持ちの象徴らしく、彼も外車を何台も持っています。

それに比べて、彼の家の周りはいかにもみすぼらしいボロボロの家が並んでいます。

彼はもう一人の韓国で働いていた同僚と一緒に、地元に学校まで設立したそうです。

彼らはある意味、コリアン・ドリームをかなえていたのです。

家に価値を感じなくなった若者世代

私は最近、ユーチューブを見る機会が増えました。そこで目にとまったのが、家を持たず、さまざまな場所を旅行しながら生活している夫婦のユーチューバーです。彼らは韓国国内や世界のさまざまな国を回って、そこでいろいろな映像を撮っては配信をしています。彼らが得ている収益は三日間ほど仕事をして大企業で働いていたときと同じくらいだと言っていました。とても今どきで、新しいライフスタイルだと思います。

彼らは30代で、結婚してから数年は経っていると言っていますが、子どもはいないらしく彼らの映像に子どもは出てきません。夫婦二人の暮らしだから各地を転々とするような生き方ができるのかもしれませんが、会社にも血縁にもしばられず、いろいろな地域を満喫している彼らの生き方は多くの若者から憧れられています。こうした風潮が続けば、あと20年もすると、韓国で子どもを産むカップルはほとんどいなくなるかもしれません。

従来の韓国では、家族が何よりも大事だという価値観が社会にしっかりと根を下ろしていました。また、結婚したら家を建て、家族全員で守るものと誰もが考えていたのです。結婚した息子に家を買ってあげるのが親の役目とされていることからしても、家は韓国人にとってとても大事なものなのです。

ところが、韓国ではさまざまな価値観が短期間で変わりました。若者の価値観は、その上の世代と全く違ってきています。その結果、チェサ（祭祀）などの伝統行事なども軽視されるようになってきました。

その背景にあるのが、韓国人が伝統を軽視する姿勢です。

韓国人は「韓国半万年の歴史」とよく言います。神話の中で、檀君王倹という王様が紀元前2333年に檀君朝鮮という国家を創設し、そこから約5000年にわたる韓国の歴史が始まったと語られているのです。この言葉だけを見ると、歴史や伝統を大切にしているようですが、そうではありません。

日本には古くからのお祭りがたくさんあります。京都の祇園祭りは869年に、大阪の天神祭は951年に初めて開かれたと言われていて、どちらも1000年以上の歴史があります。これらの行事は多くの人々が努力して引き継いできたからこそ、伝統を紡いでこられたのです。これに対し、韓国の過去の文化的遺産は王朝が変わるたびにすべて捨てられました。

中国から韓国に伝わった考え方に、「易姓革命」というものがあります。これは、権力者が「徳」を失って倒されると、新たな権力者は前任者のすべてを否定するという考え方です。つまり、徳を失った王様は「死」を意味しますし、死は穢れとなります。穢れたものには悪霊が憑いていますから、排除しなければなりません。そのため韓国では、王朝が変わるたびに既存の文化が徹底して破壊されてしまいました。

古いものを積極的に捨てて新しいものに飛びつくのは、伝統的に韓国社会の大きな特徴と言えます。それが良い結果を生み出すこともあるのですが、心の拠り所がどこにもなく、救いがありません。それゆえにストレスを大きく感じてしまう原因にもなるのです。

SNSでの中傷は半端なく激しい

韓国は「インターネット大国」になりました。多くの人がインターネットを使いこなし、ＳＮＳにたくさんの書き込みを投稿しています。その中で、これまでにたくさんの「炎上事件」が起きました。

炎上事件のターゲットになるのは、政治家や芸能人といった著名人だけではありません。ごく普通の人も、巻き込まれる危険性が十分にあるのです。韓国放送通信委員会と韓国知能情報社会振興院が行った「２０２２年サイバー暴力実態調査」によると、韓国の青少年でサイバー暴力の加害者になったことのある人は４・１％、被害者になった人は21・０％もいたということでした。[54] 第三者として立ち会ったことがある人を加えると、青少年でサイバー暴力を経験した人は４割を超えています。

私自身も、ＳＮＳで暴力的なコメントを目にすることが増えてきたと感じています。例えば先日、夫婦でペンションを経営している人の動画をユーチューブで見ていました。物件は景色の良い田舎にあって、いつも多くの宿泊客を集めているということでした。

ペンションオーナーの仕事は、かなりハードです。宿泊客のベッドメイクや食事の用意、清掃などたくさんの仕事をこなさなければなりませんし、宿泊客から要望があれば朝から晩まで対応する必要があります。そのペンションのオーナー夫婦は60代後半にさしかかり、仕事がきつくなってきたのだと言っていました。繁忙期には息子さんが手伝ってくれるそうですが、それでも、夫婦二人だけで運営するのが難しくなったのです。そこで動画では、住み込みで働いてくれるスタッフを募集していることを伝えました。

オーナー夫婦は、競争社会に疲れて心を病み家でゴロゴロしているような若者や、投資などで財産を失った若者などに向けて呼びかけているようでした。そのペンションは自然豊かな場所にあるので、美しい景色に囲まれながら給料をもらうことで心を癒やしてほしい。若いスタッフを家族のように支えることで、立ち直るきっかけを与えたいというのが、オーナー夫婦の願いだと言っていました。私としては、彼らの思いは十分に理解できました。

ところが動画のコメント欄は、惨憺たるものでした。主に若い視聴者から、「このオーナー夫婦は若い労働者を搾取している」「〝家族〟という言葉にだまされるな」といった批判コメントがたくさん寄せられ、コメントのほとんどは猛烈に非難するものばかりでした。

住み込みで24時間働かせるのかというような言い方で、時給で考えたらそんなのは駄目だと。住み込みをさせるということ自体が奴隷をさせることでしょ、と言っているわけです。

昔の韓国では、住み込みで働く人がたくさんいました。それによって長時間労働になっていた側面は確かにあるのですが、一方で、住み込みで働く人々が家族のように大事に扱われるというメリットもあったのです。

労働条件を契約によってきちんと定め、それに従って給料を与えるというやり方は、現代では合理的なのかもしれません。でも、それは殺伐として、人の温かみが感じられないという見方もできるのです。

「韓流」の海外進出に生き残りを賭けた韓国

本章の最後はちょっと話題を変えて、『愛の不時着』のユン・セリが手掛けるブランド「セリズ・チョイス」に関連して、世界における韓国のコスメ業界の躍進についてお話ししましょう。

韓国の化粧品は世界各国で人気です。韓国の食品医薬品安全処の発表によれば、韓国の化粧品輸出額はフランス、アメリカ、ドイツに次ぐ世界4位で、アジア最大の化粧品輸出国です。[55] また、2022年の化粧品輸出額は、ベトナムで23・4%、台湾で21・1%、タイで13・2%、フィリピンで44・4%も伸びたそうです。

韓国の化粧品は日本でも大人気で、東京・新大久保のコリアンタウンに行くと、さまざまな韓国コスメブランドの商品目当ての若者でにぎわっています。日本では「韓国でとても売れています！」というコピーが宣伝文句としてよく使われます。

日本化粧品工業会によれば、韓国化粧品の輸入額は年々大幅に伸びています。2021年には、これまでずっとトップだったフランスに匹敵するほどになっています（**図8**）。[56]

なぜ韓国の化粧品は人気を伸ばしているのでしょうか。韓国のドラマが流行《はや》るようになると、出演している俳優や女優が人気となりました。韓国の俳優は、背が高く美男子で、女優はきれいな肌を持つ美人が多いです。逆に言えば、美男子美女でなければ主人公になれません。外見主義の強い韓国ですから、美男子と美女であることは、第一の条件となります。

だから、美人や美肌作りに対する情熱は世界トップだと言えます。整形技術はもち

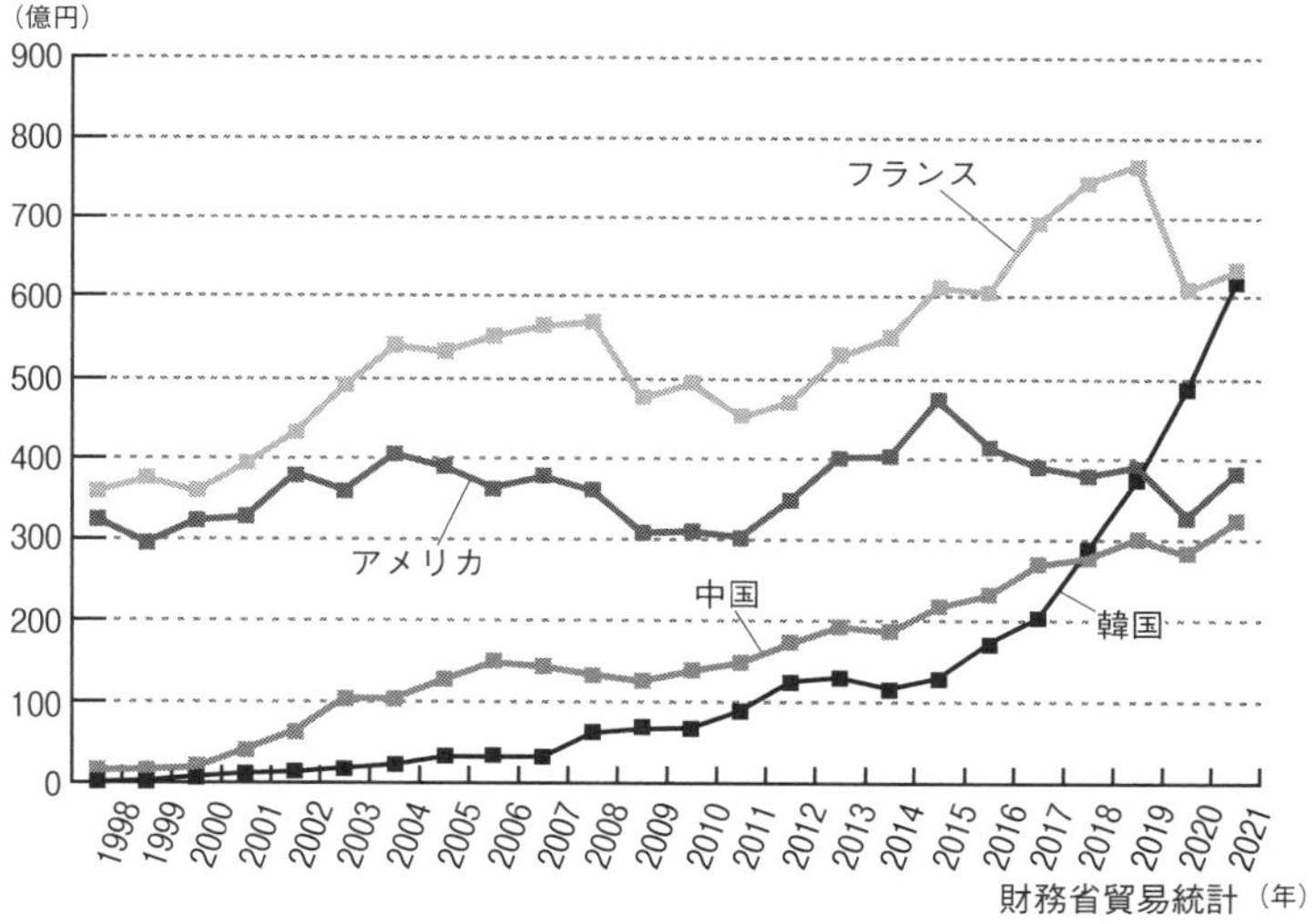

図８　化粧品の主な輸入先国
文献 56 図９より一部抜粋し引用。

ろん世界トップレベルだし、様々な国からの「整形医療観光商品」ともなっています。また、整形医療技術を学びに来韓する医療人も非常に多いと聞きます。

K-POPアイドルも美人が多いことから、「美人大国」のイメージがアジアを中心に世界へ広がりました。韓流は中国でも流行し、中国は韓国にとって「生産工場」と「市場」として国を挙げて貿易が行われるようになりました。特に、朴槿恵《パククネ》、文在寅《ムンジェイン》大統領時代には「これからは中国の時代だ」とし、対中貿易に力を入れた結果、対中国貿易は30％にまで上り、韓国経済は中国依存度があまりにも大きくなっていました。

　この波に乗って、「韓国女性はつるつるとした卵肌」だと、中国女性から次第に東南アジアの女性にまで憧れられるようになりました。特にフィリピンやベトナム女性などは白い肌への憧れが強く、韓国人の色白陶器肌を目指して韓国のコスメが飛ぶように売れていたのです。ある化粧品一品目は中国で、1日に2億ウォン（約2000万円）の売り上げがあるほどだと聞きます。品質の高さや価格の安さもあるでしょうし、人気女優が使っているという理由もあるでしょう。その中で私は、「国を挙げたブランドづくり」が一役買っていると見ています。

　韓国の人口は5000万人に過ぎません。世界の人口が80億人だとすれば、韓国人はそのうちの0・6％に過ぎないのです。一方、日本人は1億2600万人いますから、世界の1・6％を占める計算になります。

　人口の差は市場規模に直結します。日本市場は国内需要だけでかなりの規模がありますが、それに比べると韓国の国内市場は小さいのです。そのため、国内市場だけを相手にしていると、十分な売り上げが得られません。

そこで韓国政府は昔から、国を挙げてさまざまなものを輸出してきました。きっかけを作ったのは、１９９８年に就任した金大中《キムデジュン》大統領です。彼は就任演説の中でメディアを含めた文化産業を育成すると宣言しました。それが実を結んだのが２０００年に日本で公開されヒットを飛ばしたスパイ映画の『シュリ』であり、２００３年に日本で放送されて大ブームとなった『冬のソナタ』です。

１９９７年のＩＭＦ経済危機で製造業が衰退し、エンタメ産業で海外に出ていくことが韓国の生き残る唯一の道とされて、韓流文化が海外輸出されていったと言われます。[57]

２００３年に結成された東方神起、２００６年に結成されたＢＩＧＢＡＮ、２００７年に結成された少女時代やＫＡＲＡなどのＫ－ＰＯＰアイドルも、韓国が国を挙げてプロモーションしてきたコンテンツの代表格です。そして韓国の化粧品が世界中で売れているのも、「韓流マーケティング」の成果だと言えるでしょう。

２０２３年4月に韓国の尹錫悦《ユンソクヨル》大統領がアメリカ訪問をした際にネットフリックスのテッド・サランドス共同最高経営責任者（ＣＥＯ）と面会し、今後4年間、韓国のドラマや映画等のコンテンツに25億ドル（約３３５０億円）を投資されることになったという発表がありました。[58] 韓国のマーケティング力が高く、その結果、海外で韓国のコンテンツが人気になっているのは確かです。ただしそれは、韓国にとって1つの限界でもあります。

2020年7月期における韓国の四半期GDPは、前の3カ月に比べてマイナス3・3％の大幅な減少となりました。言うまでもなく、コロナ禍の影響で輸出が伸び悩んだからです。十分な国内市場があり、輸出が停滞しても耐えられる日本経済に比べ、外需に大きく依存している韓国は、それだけ不安定な状況だと言えます。

米中貿易戦争やロシアのウクライナ侵攻などで国際情勢が不安定になっている昨今、韓国の経済の構造が大きく変わっています。また、中国国内製品、化粧品などの品質も高まっていることもあり、韓国からの輸入が極端に減ってしまいました。外需頼みの韓国経済の行く末は決して安泰というわけではないのです。

コラム
③

韓国で注目される「MZ世代」

韓国の若い人々は「MZ世代」と呼ばれます。これは1981年から1990年代半ばにかけて生まれた「ミレニアル世代」のMと、1990年代半ばから2012年にかけて生まれた「Z世代」を合わせた言葉です。今で言えば、10代前半から40代前半までの人が該当します。この世代の人々は「デジタルネイティブ世代」でもあります。ミレニアル世代は、ウインドウズ95が発売されて一般の人でもパソコンが使えるようになった1990年代後半に子ども時代を迎えました。

Z世代の人たちは、スマートフォンを子どもの頃から使いこなしていたのでSNSなどを使って情報発信するのが得意です。裏返せば、インターネットを使った承認欲求が強く、それが時には炎上などを引き起こすケースもあります。

また、この世代は、社会的な分断に悩まされてもいます。

1997年のIMF経済危機以降、韓国では経済的な格差が大きくなりました。富裕層はさらに富を増やし、貧困層はさらに貧しくなっています。MZ世代でも、名門大学を出て一部の大企業に入社できた人は高い給料をもらっていますが、そうではない人たちは低い待遇に甘んじたり、就職できないまま親に寄生したりしています。貧富の差が、社会的な分断を生み出しているのです。また、第1章で紹介したソウル江南トイレ殺人事件以降、男性と女性の対立も激しさを増していると私は感じています。

MZ世代の人たちは、従来の韓国人とは異なる価値観の持ち主です。彼らは古い価値観にしばられた人たちを「コンデ」と呼びます。「自分の若い頃の価値観を若者に押しつける高齢者」というニュアンスです。日本語で言えば、「老害」ということになるのでしょうか。コンデという言葉はここ最近、韓国メディアでよく取り上げられています。

現代の韓国では、価値観が急速に変わっているのは何度も説明してきた通りです。その担い手になっているのが、まぎれもないMZ世代です。今後の韓国を予測するためには、彼らの動向に注目する必要があるとみています。

第4章

教育格差・学歴ストレス

『ＳＫＹキャッスル』等を題材に

「ＳＫＹ」合格に血道を上げる韓国家族

韓国は世界でもトップクラスの学歴社会です。その様子を鮮やかに浮かび上がらせたのが、受験戦争に挑む富裕層家族の姿を描いたテレビドラマ『ＳＫＹキャッスル～上流階級の妻たち～』です。

このドラマは、韓国の衛星放送やケーブルテレビ向けチャンネルで放送されました。初回放送の視聴率は１・７％で、ごく地味な扱いでした。ところが、回を追うごとに話題を呼び、最終回の視聴率は23・８％にまで跳ね上がりました。これは、韓国の非地上波チャンネルにおける史上最高視聴率です。

ドラマの主要人物はＳＫＹキャッスルと呼ばれる高級住宅街にある豪邸に家族と共に住む４人の母親です。整形外科医の夫を持ち、２人の娘を育てる専業主婦のハン・ソジン。神経外科医の夫を持ち、優秀な義理の息子を育てる童話作家のイ・スイム。ロースクール教授の夫を持ち、娘と双子の息子を育てる専業主婦のノ・スンへ。そして、整形外科医の夫を持ち、ひとり息子を育てるチン・ジニです。

彼女らは全員が富裕層で、エリートの夫がいます。そして、必死になって受験戦争に挑み、子どもたちを名門大学に入学させようとします。彼らが目指しているのが、「ＳＫＹ」なのです。

先に紹介したように、韓国には、３つの名門大学があります。ソウル大学校、高麗《コリョ》大学校、延世《ヨンセ》大学校の３校で、ソウル大学校は国立大学、延世大学校と高麗大学校は私立大学です。この３校の頭文字を取って、ＳＫＹと呼ばれます。

官民にかかわらずＳＫＹ出身者が出世していることは、韓国では公然たる事実です。また、行政機関の管理職や司法試験合格者の半分以上はＳＫＹ出身者とも言われています。

民間ではＳＫＹ出身者以外のＣＥＯも増えているようです。ヘッドハンティング会社のユニコサーチによれば、２００７年における上場企業の売上高上位１０００社のうち、ＳＫＹ出身者がＣＥＯを務めていた企業は59・７％です[59]。ところが、この割合は年を追うごとに下がり、２０２１年は28・４％となっています。それでもＳＫＹ出身者の方が昇進しやすいことは確かなようです。

『ＳＫＹキャッスル』に登場する４つの家族は、全員、ソウル市江南区の大峙洞《テチドン》という高級住宅街に住んでいます。ここには名門高校や名門塾が集まっていて、受験戦争が厳しい韓国の中でも最も教育熱が高い地域として知られています。彼らは莫大な費用を投じて子どもを教育し、ＳＫＹ合格を実現させようとしています。

日本にも高級住宅街があり、教育に熱心な地域もあります。例えば、渋谷区松濤《しょうとう》や港区元麻布、大田区田園調布は歴史のある高級住宅街ですし、港区白金・白金台や文京区春日・小石川などは教育熱が高い地域として知られています。しかしながら、大峙洞はその比ではありません。この地域に住む全員がＳＫＹ進学に尋常ならざる情熱を注いでいるのです。『ＳＫＹキャッスル』４家族の父親は全員ＳＫＹの出身で、子どもたちも全員、最初はＳＫＹを目指しています。

また、『パラサイト　半地下の家族』で、キム家の息子ギウは浪人生で延世大学校を志望していました。ギウはパク家の家庭教師を務める際に、延世大学校の在学証明書を偽造し、「父さん、僕はこれを偽造や犯罪とは思いません。来年、この大学に入るから」と言っています。

余談ですが、ソウル大学校は国立なので、日本にたとえれば東京大学のような存在です。また、高麗大学校は早稲田大学と深い関係を築いています。つまり延世大学校は、日本で言うところの慶應義塾大学のようなものだと言えるでしょう。『パラサイト』のギウは、ブランド好きなパク家の母ヨンギョの心をつかむため、あえてお坊ちゃま大学の延世大学校を選んだのかもしれません。

お金で買える「学生簿」が重視される大学入試

日本の大学では最近、「書類審査＋論文＋面接」などのスタイルで行われる「総合型選抜」（一昔前の「ＡＯ入試」）や、高校の推薦によって行われる「学校推薦型選抜」（いわゆる「推薦入試」）で合格者を選ぶところが増えてきました。しかし文部科学省の「大学入学者選抜の実態の把握および分析等に関する調査研究」によれば、総合型選抜での合格者は約20％、学校推薦型選抜での合格者は約30％にとどまっており、全体の約50％は一般入試によって選ばれています[60]。

これに対し、韓国の大学受験は「随時募集」と「定時募集」の2種類があります。定時募集は、日本の「大学入学共通テスト」に似た「大学修学能力試験」の一発勝負で決まります。

よく、韓国で試験に遅れそうになった受験生をパトカーや白バイが送るというニュースを目にしますが、これは大学修学能力試験で毎年起きる風物詩です。学歴社会である韓国では、大学修学能力試験は社会全体が注目する一大イベントなのです。

ただし、定時募集で大学に入る学生の数は、それほど多くありません。2021年度の大学募集人員は34・7万人でしたが、このうち定時募集による定員は23％にあたる8万人に過ぎませんでした。つまり、全体の77％が「随時募集」によるものなのです[61]。

では、「随時募集」とはどんなものでしょうか。これは簡単に言えば、日本の推薦入試に近いスタイルです。高校3年間の成績や課外活動などを記録した「学生生活記録簿（学生簿。ドラマ内でいうポートフォリオ）」を基にして、選考が行われています。

随時募集の人数が多いのは、「一発勝負の受験で一生が決まるのは、受験生が気の毒だ」という議論があったからです。その考え方には、確かに一理あるでしょう。入試当日に体調不良で実力を発揮できず、その結果、志望大学に合格できないなどのリスクは、学歴社会・韓国では非常に重いものがあります。かと言って、学生簿で合否を判断するやり方がいいかと言えば、それはまた別問題なのです。

学生簿では学業成績だけでなく、クラブ活動や表彰歴、ボランティア活動の有無などを書き込む欄がありますが、こうした項目を「金で買える」ことが、大きな問題となっているのです。ドラマの中で「学力だけで大学に行けた時代とは違って今は総合的に選考される」「親の経済力と情報力がものをいう」とソジンが言っていた通りです。例えば裕福な家庭の場合、子どもを海外ボランティアツアーに参加させることで、大幅な点数アップが可能です。

透明性が低い点も、随時募集の大きな課題です。学生簿に記入するのは高校の担任教師で、その人の好き嫌いやコメント力などで生徒の評価は大きく左右されます。また、大学側が学生簿をどのように評価するのかは、必ずしも明らかになっていません。『ＳＫＹキャッスル』には、１話で息子をソウル大学校の医学部に入れた母親ミョンジを主賓に迎え、ソジンがパーティーを開くシーンが描かれています。パーティーの目的は建前上、その母親をねぎらうことでした。「息子をソウル大学校医学部に入れた母親の苦労は本人の１００倍以上」というソジンの言葉があるように、母親の愛情や祈りもさることながら、何といっても母親の情報力が受験でものをいうことになります。ソジンは娘のイェソが4歳のときから15年間二人三脚でソウル大学校合格を目指し、ともに4時間以上眠ったことはないという会話があります。

そして、ソジンがパーティーを開催した本当の目的は、ミョンジに取り入ってソウル大学校に合格するための学生簿はどんなものかを知ることにあったのです。

学生簿がどのように評価されるのか明らかになっていないため、入試に関する情報を多く持っている塾や入試コンサルティング会社、受験のための戦略や学生簿の点数を上げる施策を提案する「入試コーディネーター」を利用できる受験生は、かなり有利になります。ドラマのようなことまでしないにしても「入試コーディネーター」という職業は韓国で実在するようです。

学校の授業で教えないような難易度の高い「キラー問題」の出題によって塾の在籍者が有利になっているという批判があり、2023年秋の大学修学能力試験からは対策がとられることになったようです。ただ、情報やノウハウを得にくい地方の一般庶民にとって、随時募集によるＳＫＹへの合格は至難の業です。

年俸数千万円の「入試コーディネーター」は実在する!?

ここで「入試コーディネーター」という職業についてご紹介しましょう。名称はいろいろあるようですが、類似した職業は存在しています。

作品の中では、年に数億ウォン（数千万円）の報酬を受け取り、ＳＫＹへの合格指導をする役割として描かれており、単なる家庭教師という枠を超え、各科目の講師の手配、非公開入試情報の提供、生活面での指導、メンタルケアまでこなす存在です。

年俸の高い入試コーディネーターを子どもにつけられる家庭は、ごく限られているでしょうが、それなりに高い費用のかかる塾に子どもを通わせる家庭はたくさんあります。韓国教育部と統計庁が公表した小中高校生の私的な教育費に関する調査結果によると、２０２２年における高校生の１人あたり私教育費の月平均は、46万ウォン（約４万６０００円）でした。[62] 私教育費を受ける生徒に限ると高校１年生の１人あたり私教育費は70万ウォン（約７万円）を超えており、３人世帯の中位所得月平均所得（４２０万ウォン：約42万円）の場合、収入の10～15％が通塾費などに費やされた計算になっているようです[63]。

また、所得水準が高いほど私教育費支出が高いというデータも出ています。月平均所得が800万ウォン（約80万円）以上の世帯と300万ウォン（約30万円）未満の世帯を比べた場合、1人あたりの月平均私教育費の支出格差は約3・7倍もあることがわかりました[63]。お金のある家庭ほど、子どもの教育にお金をかけていること。そして、多くの家庭で教育費の負担が重くなっていることがわかります。

同作品の中には、「学力絶対主義の時代は終わった」というセリフが出てきます。これは、ボランティア活動の経験や各種コンクールへの出場歴、生徒会役員での活動といったさまざまな経験がなければ、たとえテストの成績が良くても合格はできないという意味合いです。それでソジンは、娘を生徒会長にして学生簿の点数を良くしようと考え、入試コーディネーターを使ってライバルを生徒会長選挙から辞退させようと画策しています。

他にも、「学力だけで大学に行けた時代とは違って、今の受験では総合的に選考される」「親の経済力と情報力がものを言う」「借金してでも添削、代筆、コンサルを頼む時代」などのセリフもあり、富裕層の方が、受験に強い塾や受験コーディネーターを利用したり、海外ボランティアなどのチャンスを与えられたりするため、非常に有利なのです。

地位やコネのある親が子どもに便宜を図るケースもあります。その象徴的な存在が、文在寅《ムンジェイン》政権下で約１カ月間だけ法務部長官（日本の法務大臣に相当）を務めた曹国《チョグク》氏のスキャンダルでしょう。彼の娘はたった２週間インターンを務めただけで、研究論文の筆頭著者に挙げられました。この実績が学生簿に掲載されたおかげで、彼女は高麗大学校に合格できたと言われています。また、この娘が大学院に進学する際に表彰状などを偽造したり、大学に対して捜査妨害を行ったりした罪で、曹国氏は有罪判決を受けています[64]。

こうした問題が深刻化していることもあって、韓国では入試改革を望む声が高まっています。ソウル大学校をはじめとする名門大学では、定時募集の比率を高めようとしているところもあるようです。しかし今後もしばらくは、財力が大学入試の合否を左右する時代が続くかもしれません。

SKYと「それ以外」の格差を生む儒教的価値観

日本で最も優秀とされている東京大学ですが、日本には他にもたくさんの優れた大学があります。京都大学は東大と並び称されるほどの名門ですし、東大・京大に北海道大学、東北大学、名古屋大学、大阪大学、九州大学を加えた「旧帝大」は、どこも難関だとされています。また、早稲田大学と慶應義塾大学は「私学の雄」と呼ばれ、社会から高く評価されていますし、他にも素晴らしい大学がたくさんあります。

韓国にも、SKY以外の大学があります。例えば、成均館《ソンギュンガン》大学校、漢陽《ハニャン》大学校、西江《ソガン》大学校の3大学は、SKYに次ぐレベルだと言われます。しかし、これらの大学は韓国国内ではあまり評価されていません。

日本には「Fラン大学」と呼ばれる大学があり、これは不合格者が少なく、合格のボーダーラインが存在しない大学（＝ボーダーフリー）を指す言葉です。日本ではFラン大学であれ、本人次第でいくらでも人生を切り開くことが可能であり、大企業でも、卒業大学などにかかわらず個々の能力いかんで採用する方針のところも多く存在します。

これに対し、超学歴社会の韓国において、ＳＫＹ以外の大学ではもはや浮上することが難しく、また、「ＳＫＹ以外は大学にあらず」「ＳＫＹ以外は三流だ」と一般的に考えられています。『ＳＫＹキャッスル』の母親たちが受験勉強のために手を尽くしたり、『パラサイト』でギウやギジョンが浪人したりしているのは、まさにこうした事情があるからです。

教育パパが愛するピラミッドは儒教的価値観の象徴

なぜ韓国人は、ＳＫＹ以外の大学の価値を認めないのでしょうか。私はその背景に、儒教的な「ピラミッド型の価値観」が潜んでいるとみています。

14世紀末に始まった李氏朝鮮時代以降、儒教の価値観は支配階級から一般庶民にまで広まりました。特に影響が強かったのが朱子学で、韓国の１０００ウォン紙幣には朱子学者である李滉《りこう》の肖像画が、５０００ウォン紙幣にはやはり朱子学者である李珥《りじ》の肖像画が描かれているほどです。

朱子学の特徴は、権威や秩序を重んじることでした。「権力と徳」を備えた支配者階級が庶民を支配し、庶民は支配者を敬い、親が子どもより上に立ち、兄が弟より上に立つ。下の者は上の者を敬い、上下関係をはっきりさせ、きちんとした秩序を保つのが朱子学の特徴なのです。こうした教えが浸透した結果、韓国人にはピラミッド型の価値観が根を下ろしました。

身分制では、王族がトップに立ち、中央官僚である「両班」や、地方の行政官僚だった「中人」が支配階級になり、その下に農民や手工業者、商人たちの「常人」や、奴隷として扱われた「賤人」がいる、という構図です（図9①）。

こうしたピラミッド型の価値観は、あらゆる場所で適用されています。例えば家庭内なら、トップに家長である父親が君臨し、その下に長男、さらにその下に長男以外の息子が入る。そして最下位に女性が位置づけられるという構図です（図9②）。

大学にたとえるなら、トップにソウル大学校があり、次いで高麗大学校と延世大学校がランクインし、「SKY以外のソウルの大学校」「地方の大学校」と続くわけです（図9③）。都市で言えば、ソウルが抜きん出たトップで、それ以外の都市は「それ以外」なのです。ちなみに、SKYや成均館大学校、漢陽大学校、西江大学校は、どれ

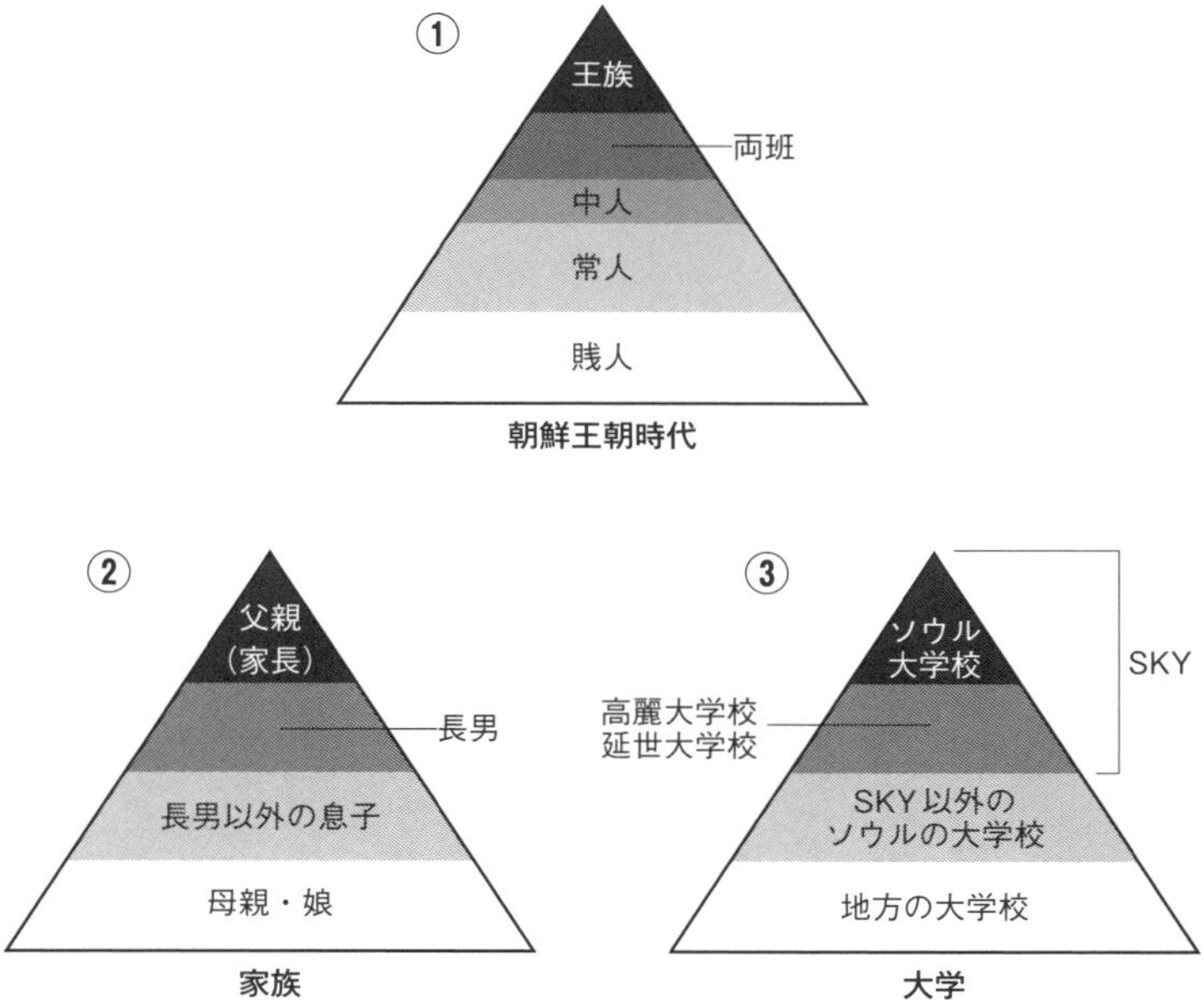

図９　韓国のピラミッド構造

もソウル市内にありま す。これらの大学は「インソウル」とも呼ばれ、ソウル市内にあることが大学にとって一つのステータスになっています。

このように考えると、ロースクール教授の、スンへの夫のミニョクがピラミッドのオブジェを偏愛する姿は、韓国の悪しき風習を象徴しているのです。

家父長制で家族を威圧し、女性や貧しい者、学歴の低い者を見下し、スパルタ式で双子の息子を教育しようとします。ミニョクの傍若無人さに耐えかねた妻スンへの反撃は、格差ストレスを抱える者が見ていてスカッとしたことでしょう。

日本に、こうしたピラミッド型の価値観がないわけではありません。ただ、日本の場合はもっと多様性があります。例えば、東大だけが優れているのではなく、京大や他の旧帝大も高い評価を受けています。また、東京は日本の中心ではあるのですが、大阪や横浜などの都市もたくさんの人口を抱えていますし、京都や仙台、福岡など多彩な特色を持つ地方都市が大きな存在感を発揮しています。ところが韓国は、SKYが一番、ソウルが一番という価値観にしかなりません。ただ一つの物差しだけですべてを計ってしまいます。

韓国には、ソウルにまつわる言葉やことわざがたくさんあります。例えば、「横道にそれてもソウルに着きさえすればよい」とは、どんな手段を使っても目的を果たせれば問題ないという意味で、ここでのソウルは最終ゴールとして位置づけられています。日本のように複数の価値観や観点がなく、一つの価値観でしか評価できない韓国では、トップに立つ人以外は皆「落伍者」なのです。

日本の漫画・アニメを見ていると、脇役にもスポットを当てます。脇役も魅力的に描かれ、それぞれ自分の立ち位置で活躍しているのです。アニメ『鬼滅《きめつ》の刃《やいば》』にも、主人公の竈門《かまど》炭治郎《たんじろう》以外に、煉獄《れんごく》杏寿郎《きょうじゅろう》、嘴平《はしびら》伊之助《いのすけ》などの脇役がいて人気があります。日本人が描く脇役のキャラクターには、主役を支える自分の役割に対するプライドを感じます。

韓国のドラマでは主役と脇役の差がはっきりしていて、脇役は主役の引き立て役にすぎません。韓国人には日本のアニメのようなストーリーは描けないでしょう。

このような日本の漫画やアニメのオリジナリティが、海外で高く評価される一因だと私は思います。

心の拠り所を失った韓国

韓国人の心がすさみ、社会が殺伐としている原因の一つは、「心の拠り所」がないからでしょう。

ヨーロッパを旅行すると、おじいちゃんやおばあちゃんが楽しそうに過ごしている姿をよく見かけます。彼らはオシャレをして繁華街にあるレストランに出かけ、おいしいワインと食事を楽しんでいるのです。

日本にも、大人が楽しめる場所はいくつもあります。東京の銀座はまさに大人の街ですし、「おばあちゃんの原宿」と呼ばれる巣鴨もそうでしょう。目抜き通りである巣鴨地蔵通り商店街には高齢者を喜ばせる飲食店や服飾雑貨店がたくさんありますし、車椅子や杖を使う人たちが通りやすいようにバリアフリー化もされています。

日本には他にも、高齢者が楽しめるコンテンツがいくつもあります。例えば、60歳を過ぎてからお茶やお花を習う人の話はよく聞きますし、書道や詩吟も然り、歌舞伎や寄席、相撲などの観劇や観戦、アクティブな人なら自らゲートボールを楽しんだりもします。アカデミックな学びごとなら、カルチャースクールや大学の公開講座、語学勉強などに通う人も多いです。

高齢者向けのサービスも、日本は充実しています。旅行会社のホームページを開いてみると、長時間歩くのが苦手な人に適したツアー商品もたくさん用意されていますし、鉄道会社は高齢者向けの割引切符を用意しています。

ＪＲ九州では、豪華寝台列車「ななつ星 in 九州」が２０１３年に運行開始されると、高額にもかかわらず人気殺到で予約がなかなか取れない状態が続いていると聞きます。この走るホテルは、人気のある観光地や温泉地などにしばらく停車し、観光を終えた客を再び乗せて、次の観光地へ向けて出発します。これが大変人気なので、北陸など他の地域でもこのようなコンセプトの豪華列車を運行したり、計画に乗りだしたりしていると聞きます。

これに対し、韓国には高齢者の居場所がありません。「韓国の原宿」とも呼ばれる明洞《ミョンドン》のように、若者向けの街はたくさんあります。しかし、高齢者が楽しく過ごせる場所はほとんど用意されていないのです。せいぜい、キリスト教会や仏教寺院など

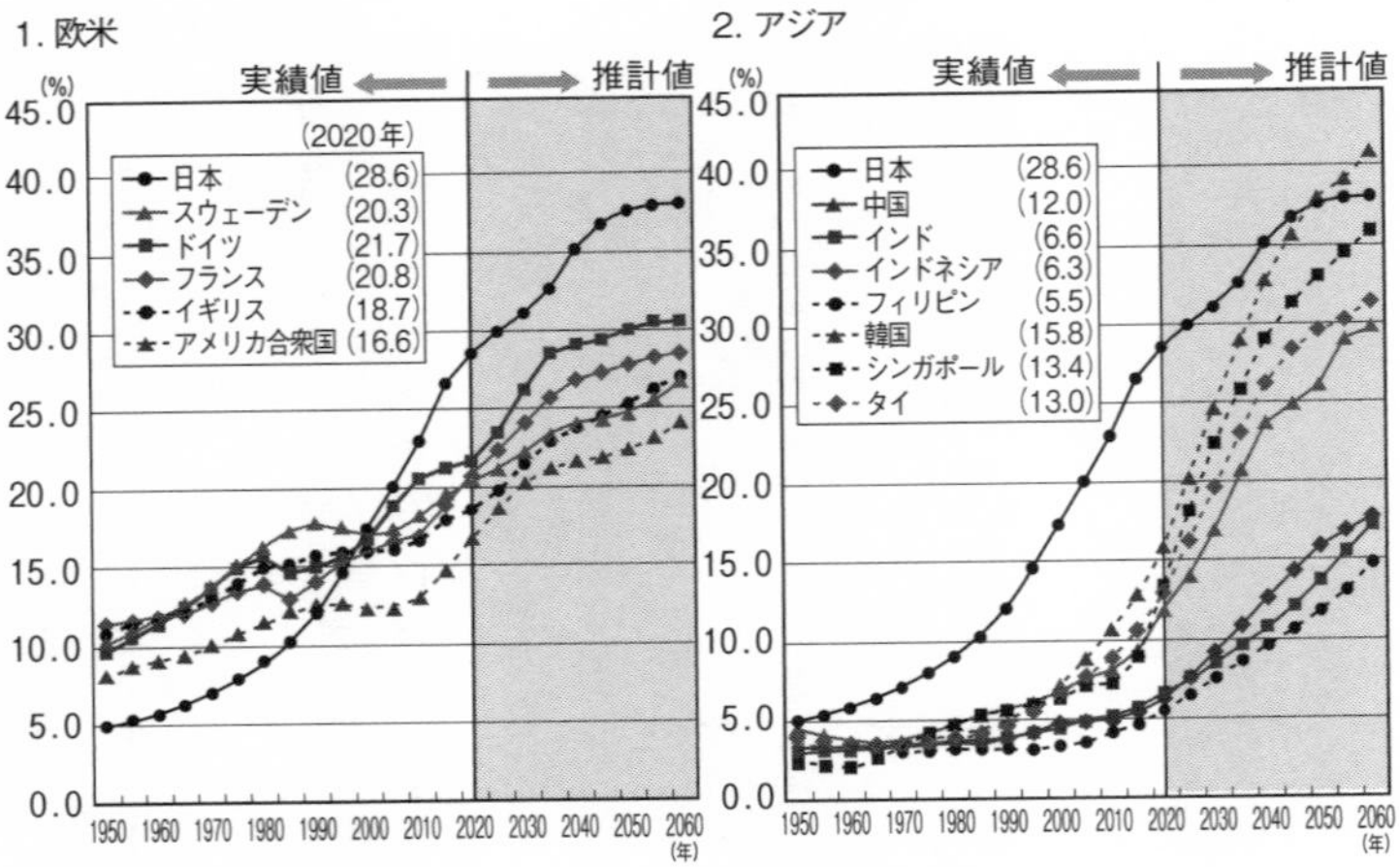

資料：UN, World Population Prospects: The 2019 Revision
ただし日本は、2020 年までは総務省「国勢調査」、2025 年以降は国立社会保障・人口問題研究所「日本の将来推計人口（平成 29 年推計）」の出生中位・死亡中位仮定による推計結果による。

図 10　世界の高齢化率の推移

文献 65 図1 -1 -6 より引用。

が高齢者の受け皿になっているくらいでしょうか。

日本は世界で最も早く、高齢化社会を迎えた国です。２０２０年の高齢化率（総人口に占める65歳以上の人口比）は28・６％で、主要国の中ではナンバーワンです（**図10**）[65]。

一方、韓国の高齢化率は15・８％です。ただし、これからは子どもの数が激減するため、日本を上回るペースで高齢化が進むとみられています。

今後は韓国でも、高齢者が楽しめる場を提供する取り組みが求められるでしょう。そうして彼らに居場所を作ることで、高齢者の自殺率を下げることができるのではないかと私は考えています。

女性は学歴より美しさが優先

息子を名門大学に進ませようとする親がいれば、娘に美を求める親もたくさんいます。娘なら成績が振るわず名門大学に入れなくとも、名門大学を卒業した男性と結婚する手があるからです。

韓国では「整形大国」と呼ばれるほど一般的に整形が行われます。国民美容外科医による世界的な団体である国際美容整形手術協会は、2018年、国民1000人あたりの整形手術件数で韓国が世界1位になったと伝えました。[66] 報道によれば、都市部に住む19〜49歳の韓国人のうち、5人に1人が整形手術を受けた計算になるそうです。また、別の調査では、美容整形を受けたことがあると回答した韓国人女性の割合は42％にも上るとのことでした。

整形手術を受けている芸能人が多いことも、よく噂に上ります。数年前、ある韓国出身のタレントが日本のバラエティ番組で、「韓国の芸能人は、100人中99人が整形している」と発言して大きな波紋を呼びました。[67] 彼らが整形するのはごく当たり前です。そのため「誰かに似た美人」に見える人が多いのも事実です。

韓国では美に対する評価がとりわけて高く、美人の方が断然、就職に有利なことは言うまでもありませんし、優秀な結婚相手も捕まえやすいものです。美人であることが人生の成功への最短距離になるわけです。それで一般的な韓国人女性は、美人に対して「恨《ハン》」をことのほか強く抱えます。初対面であったときに、女性同士でもまずは相手が「美人かどうか」をはかります。
「あの人は美人でうらやましい。それに比べて私は不美だから、人生がうまくいかず悔しい」と感じてしまいます。そのため、社会全体が凄まじいほど外見美に貪欲に取り組みますし、化粧品を買うような感覚で整形手術も躊躇なく受けるのです。そのような背景から、戦後短い期間で韓国の整形技術は世界トップレベルになっていると韓国の形成医学界では自慢しているのです。そして美人になれた瞬間、彼女たちの「恨」はほぐれますが、さらなる美人を目指して、何度も手術を繰り返す整形中毒者が多いことは有名です。

美しさを熱望するのは、若い女性だけではありません。韓国では中高年、老齢の女性も美しくなろうと努力を重ねている人が最近はとても増えています。きれいになった方が生きがいを感じるからです。韓国で60代の有名な女優がテレビのインタビューで言っていた言葉が忘れません。
「私も整形手術を受けました。周りの家が全部リノベーションをしてきれいになっているのに、自分の家だけが古びたままボロボロだと、周りに迷惑になるでしょう」

日本にも美容に力を入れる中高年女性は多くいますが、韓国女性の外見美に対する執着心はケタ違いです。

今の尹政権前まで、北朝鮮はときどき、韓国で開かれるスポーツ大会に「美女軍団」を派遣していました。1997年釜山で行われた「アジア大会」のときから、いくつかの大会に応援団として大量に派遣されたのは若い美人ばかりで、おそろいの衣装を着て歌や踊りを披露し、北朝鮮の選手を応援するのです。その時から、韓国では「北の美女」「男たちはメロメロに」との報道がたくさんされていました。北の応援団の美女と恋に落ちてしまった韓国の男性が、結局は別れざるを得ないつらさを描いたドラマも登場しました。

韓国・平昌で2018年に開かれた冬季オリンピックでは200人近くのメンバーが派遣され、北朝鮮の選手はもちろん、女子アイスホッケーに出場した韓国と北朝鮮の合同チームも応援していました。

北朝鮮でも美女第一主義で、わざわざ美人を選んで「美女軍団」を派遣したわけですが、その効果は絶大でした。「反北朝鮮韓国人」から、韓国中があっという間に「親北朝鮮」に変わってしまった要因の一つになったと思います。

日本では「東男に京女」と言います。男性は粋できっぷの良い江戸っ子が良く、女性はおしとやかな京都の女性が良いという意味です。同様に、韓国には「南男北女」という言葉があります。南部出身の男性は日に焼けて男らしく、北部出身の女性は色白で美人だと考えられているからです。

北朝鮮からやってきた美女軍団を見て、「素朴な韓国の昔ながらの美女だ」と感じた韓国人がたくさんいたのです。

日韓の美に対する感覚の違い

韓国で整形手術に対する拒否感が全くなくなったのは、韓国人が人工的な美を好む傾向が強いこともその理由の一つだと言えます。

韓国では、美男子や美女のことを「うまく整った人＝ジャル センギョッタ」と表現します。これは、歪んだところがなく、左右きちんとバランスが整った、という意味です。ですから、左右の顔、目のバランス、鼻筋などがよく整った顔が望ましいのです。

日本人は、あまりにも作られ過ぎた彫刻のように整った顔には違和感を覚え、ナチュラルな顔の方を好みます。これを見て、韓国人は「物足りない」と感じてしまいます。

物に対してもそうで、日本人は一般的に、自然なものに対して美しさを感じます。例えば、私が来日したばかりの頃、友人から勧められてヒノキ風呂のある温泉に行ったことがありました。評判の高いヒノキ風呂とはいったいどんなものだろうと期待は膨らみ、いざ実物を見てみると、そこにはむき出しの白木のお風呂があったのです。日本に慣れていなかった私は、「このお風呂はペンキを塗る前で、未完成なのだろうか？」と思っていました。しかし、一緒に来てくれた日本人の友人が、これこそがヒノキ風呂の良さだと教えてくれたのです。ペンキを塗ったりして加工するより、白木の風合いの美しさを生かすのが日本流だと言うのです。そのときはどうしても理解できず、違和感が残りましたが、日本に長く住み、日本文化を研究していくうちに、今では私は、このナチュラルな美の良さにすっかりハマってしまいました。

一方、一般的な韓国人は、人工的で華やかなものを美しいと感じます。左右対称で形が整っており、模様が派手で色鮮やかなものを好みます。例えば17世紀以降に盛んになった陶磁器の「李朝白磁」などは、歪みのない左右対称の形状で、滑らかで艶やかな白色の磁器です。これは当時の朝鮮人好みの美しさを兼ね備えています。

そういえば十数年ほど前、私が韓国に行ったときのことです。取材で全国を回っていましたが、円高だったこともあり、自分に対してのご褒美のつもりで、それぞれの地域の一流ホテルに泊まりました。当然のように、どの地域でもホテルのロビーには大きな花が飾られていました。私は生け花にとても関心があったので、近づいて鑑賞したくなります。これらのロビーの花は遠くから見ればとても美しくて立派に見えました。しかしながら大変驚いたことに、近づいてみるとどれも造花だったのです。とてもがっかりしながら、先に進んでみましたが、あらゆるコーナーに飾られた花も客室にある花もことごとく造花でした。世界サミットが行われたホテルのコーヒーラウンジも緑いっぱいの木々に覆われていて、遠くから見ると魅力的でしたが、それらもすべてプラスチックで作られたものだったのです。

確かに、昔私が韓国に住んでいた頃は、これを美しく感じていました。しかし、日本に長く住んで、自然そのものの美意識に目覚めた私にとってこれらの造花は、「文化の違い」だと理解する前に、強い違和感を覚えていました。一つのホテルのマネージャーに尋ねてみたところ、「手入れの必要がないから」と言われました。
「文化の違いを理解する」というのはきれい事に過ぎず、距離を置き他人ごとのように眺める分にはいいですが、切実な現実問題として、そう簡単には感覚的に受け入れられるものではありません。

また韓国人は、満開の華やかな花が大好きです。しおれて落ちる花は縁起悪く感じて好みません。それでホテルでは、絶対に枯れない造花を飾っているのでしょう。日本人は、つぼみの状態の花も、散る花も愛します。

その典型的な例として、桜の花が挙げられます。私は日本人によく質問してみます。

「桜は本当に美しいですね。こんなにきれいなのだから何カ月も咲いていてくれたらいいと思いませんか?」

すると私の質問を受けたすべての日本人は、こう答えました。

「花は散るから美しいのです。咲く期間が短いからこそ」と。そのわずかな一時を楽しみに1年間待ちわび、そこに一種の『もののあわれ』を感じるのです」

そのときにしか味わえない季節の楽しみ、桜やモミジ、海水浴や花火、各地域のお祭りなどもそうですね。「待ちわびる楽しみ」と、終わった後の「もの哀しさ」です。

私はこれが「もののあわれの情緒」であり、日本人の一つの美意識だと見ています。

韓国人にはこの散りぎわの「もの哀しさ」は、美しさではなく、「つらさ」になってしまいます。ですから、散る姿は見たくないのです。

永遠に散らない、満開の花としてあり続けてほしいと願う韓国人は、最もみずみずしい20代の頃の顔に戻って、永遠にとどまっていたいと切望するわけです。ですから、世界的な整形技術の発達や美肌作りの化粧品の発展につながっているのだと言えます。

死の穢れを嫌う韓国人の情緒

『ＳＫＹキャッスル』には主要人物として４人の母親が登場しますが、もう１人、重要な役回りの母親がいます。それが、物語序盤で自殺するミョンジュです。彼女は大学病院の元神経外科長だった夫を持ち、息子をソウル大学校の医学部に合格させた、端から見れば大成功者でした。ところが、手塩にかけて育てた息子が元家政婦の娘と暮らし、自分を裏切ったことで、彼女は自殺の道を選んでしまいました。このあたりの描写は、韓国の学歴社会や競争社会、そこで生じる格差社会の厳しさと、幾重にも織り重なったストレスの重苦しさを、凝縮して写し出していると言えます。

母親たちは、自殺する前のミョンジュから、陶器の母子像をプレゼントされていました。ところがスンへの夫で猛烈な教育パパであるミニョクは、「死んだ人のものは運気を下げる」とその母子像を捨てるようスンへに言い放ちます。このあたりの感覚は、日本人にはわかりづらいのではないでしょうか。

韓国ではたとえ自分の親の遺品であっても、亡くなった人のものを身につけたりしません。死者が遺したものには、悪霊が憑いていると考えられているからです。そのため韓国では、亡くなった人の遺品はどんな高価なものでも燃やす決まりになっています。

これに対し、日本人は亡くなった家族の遺品を形見としてとても大切にします。指輪、ネックレス、時計、万年筆、衣服……。中には、美術品や骨董品、書籍、趣味のコレクションなどを亡くなった人から引き継ぐケースもあります。そうした、両親や先祖、友人などから形見としていただいたものを、とても大切にするのが日本社会です。

こうした価値観の違いは、街づくりにも表れています。

日本には古くから存在している古都がたくさんあります。奈良や京都は古代から栄えていましたし、鎌倉も歴史のある街です。他にも、埼玉県の川越や岐阜県の高山、山口県の萩など、昔ながらの雰囲気を残した街が数多く残されています。これに対し、韓国には歴史のある街並みはわずかしか残っていません。朝鮮戦争で多くが破壊されたこともありますが、それだけではないのです。

私がまだ韓国にいた１９８０年代、ソウルの明洞と言えば、最先端のファッション街として知られていました。この街を歩くときは、ブランドものなどのお洒落な格好をして行かなければならないような場所だったのです。ところが、先日韓国を訪れてみて、私は本当にびっくりしました。明洞の街には安売りの出店が建ち並んでいて、観光客向けの市場のようになっていたのです。

韓国では20年ごとに街が変わるとよく言われています。明洞は安売りの出店に占領されましたし、つい最近まで一大繁華街として賑わっていた梨泰院も、２０２２年のハロウィン直前に起きた１００人以上が亡くなった雑踏事故のせいで、ゴーストタウンのようになっています。

古いものを嫌い、新しいものに飛びつくのが韓国人の情緒です。そのため、この国には歴史や伝統が定着せず、人々は根無し草のように暮らしているのです。

日韓の若者はブランド品への執着が対照的

韓国の上流階級を描いたドラマには、ブランド品がよく登場します。『ＳＫＹキャッスル』には、ロシア皇帝専用の窯として広く知られるブランド食器のインペリアル・ポーセリンが登場していましたし、『パラサイト』では、富豪パク家のガレージにメルセデスベンツやレンジローバーという高級車が並んでいました。基本的に、韓国人はブランドものが大好きです。

バブル時代からしばらく後までの日本は、今の韓国と似ていて、ブランド品のバッグや財布を持つことがトレンドでした。本来ならお金があまりないはずの学生でも、シャネルやグッチ、ルイヴィトンの製品を手にしていたものです。彼女たちのブランド品を見る目はシビアで、本物か偽物かの区別もよくできていました。

ところが、今の日本の若者はブランドに対する欲がありません。私が教えている大学の学生も、ブランドものを持っていませんし、そもそもどんなブランドがあるのかさえよく知りません。これは私にとって信じられないほどの驚きでした。特に東日本大震災後は、ブランドに対する意識が変わったと感じます。

とはいえ、彼らがオシャレに興味を持っていないわけではありません。むしろ逆で、彼らにはブランドに頼らずともオシャレさを演出する能力があるのです。

教え子の女性が、テレビ局に芸能番組のコメンテーターとして就職したのですが、担当する深夜番組に出演したことがありました。スタッフの衣装は制作費ではまかなえず、彼女は自前の服を着たのだそうです。私が「きっと高い服を買ったのでしょう？大変だったわね」と言うと、彼女は自分が出演したシーンの写真を見せてくれました。とても似合っていてかわいらしく素敵なワンピースでしたので、かなり高価なものだと思いました。しかし彼女はあっけらかんと、「先生、このワンピースはオンラインショップで、６０００円で買ったんですよ」と答えたのです。私はその安さに本当に驚きましたが、そんなふうに見せない彼女のオシャレのセンスにすっかり脱帽してしまいました。彼女だけに限らず、他の女子学生も、安くてかわいい服をいろいろアレンジして、毎日コーディネートを変えてオシャレを楽しんでいるのです。それが最近のトレンドとなっており、日々ファッションセンスを磨いているのでしょう。

高いブランド品を買って、いつも同じようなファッションになるより、はるかにいいと私も思います。

一方、韓国では最近さらに、ブランド志向に拍車がかかっています。日本のバブル期以上にブランド品に対する執着心は並大抵ものではありません。ブランド品をなんとしても手に入れたい。女性の場合、その一番の近道はお金持ちを彼氏にすることです。ですから、いい女を彼女にするのもやはり「お金」がものを言うわけなのです。今の韓国では、「お金」が一番価値あるものとなっています。

市場調査会社のユーロモニターインターナショナルは、2020年の世界の高級品売上高が前年より17%減少したと発表しました[68]。コロナ禍によって、どの国でも高級ブランドのニーズは下がったのです。ところが、韓国だけは下がりませんでした。投資銀行のモルガン・スタンレーによれば、韓国の高級ブランド品1人あたりの消費額は、欧米諸国やアメリカを抜いて世界1位になっているそうです[69]。

韓国では高級車もよく売れています。ロールス・ロイスは、2022年に韓国で5億ウォン(約5000万円)以上するロールス・ロイスが234台売れたと発表しました。これは前年比37%増で、240台売れた日本とほぼ同水準です。また、ベンツやベントレー、ランボルギーニも、日本より韓国の方が売れているそうです。日本の人口が１億２６００万人であるのに対し、韓国は５０００万人ほどです。つまり日本の４割程度の人口しかいない韓国が、日本と同程度、あるいは日本以上に高級車を買っている計算になります。

これらのブランド品を盛んに買っているのは、若年層です。韓国のデパートでは、高級品売上高の半分以上が20〜30代によって占められているそうです。韓国では若者の失業率が高く、お金に余裕のない人もたくさんいます。それでも彼らは「インスタ映え」を目指して高級品を買うのです。

先に紹介したネットフリックス配信のドラマ『セレブリティ』で描かれる、ブランド物を身に着けて優雅な生活をインスタグラムにアップすることで、フォロワーを増やしていく新興階層のセレブリティは、今や若者の憧れです。これで大金が手に入るなら、コツコツ働くのはばからしいと思ってしまうのです。

そうした風潮をよく表しているのが、韓国のインフルエンサーで、バラエティ番組に出演して人気を博したソンジアさんという女性の存在です。彼女はインスタグラムやバラエティ番組に、シャネル、グッチ、ディオールなどの服を着て登場していたのですが、それらが偽物だと発覚して大炎上したのです。

ソンジアさんは結局、偽のブランド品を身につけていたことを認めて謝罪し、ユーチューブやインスタグラムなどの投稿をすべて削除しました。それでも、彼女のファンは「裏切られた！」と憤慨し、今でも批判している人がたくさんいるようです。

日本のわびさびが世界で認められた無印良品の手法

韓国人がブランド品や高級車を好むのは、人より良いものを身につけて優越感を得たいという気持ちが大きいと思います。ですから、自分の家も豪華な外観やインテリアにしようとします。キラキラしたシャンデリアや金色の華美な装飾品をたくさん使うことでお金持ちになったような気分を感じるのです。

一方、日本人はシックでシンプルなものを好みます。

例えば、外国人観光客に金閣寺と銀閣寺を見せると、ほとんどの人が金閣寺の方を褒めます。彼らには、金色に輝く金閣寺のインパクトが印象的なのでしょう。しかし日本人には、銀閣寺を好む人がたくさんいます。地味ですが、味わいがあると感じるのでしょう。

一般に韓国人をはじめとするアジア人は、銀より金を好みます。同じアジア人の中で日本人だけは、一般的に派手すぎないシルバーのアクセサリーの方を好みます。このあたりにも、日本人とアジア人の国民性の違いが表れています。

私は10年ほど前、無印良品を展開している㈱良品計画の松崎暁前社長にインタビューをしたことがあります。その時松崎さんが日本の「わびさび」について話してくださったのが、とても印象的でした。

日本人に特有のわびさびは、質素で慎ましく、それなのに趣があると感じる心の有り様を指します。金色や原色などできらびやかに飾り付けられた世界とは真逆の、シンプルで無駄のないものです。

無印良品では、禅や茶道などで磨かれたわびさびの価値観を大胆に取り入れていると、松崎さんは仰っていました。シンプルで飽きが来ず、使う人のライフスタイルに合わせてアレンジが利く商品。それが、無印良品が大事にしているコンセプトの一つだというわけです。

松崎さんは、経済的に豊かになるほど、その社会はシンプルなものを好むようになるともご指摘されていました。発展途上国の段階では、派手できらびやかなものが好まれるが、社会全体が豊かになっていくほどシンプルで飾り気のないデザインの製品を愛するようになるというわけです。

最近は韓国や中国でも、シンプルな色彩が流行るようになってきています。事実、欧米諸国や、アジアのセンスの良い人たちの間では、無印良品の製品が人気になっています。

私は無印良品のバッグインバッグの機能性が気に入っていて、別のバッグに持ち替えるたびにこのバッグインバッグを放り込むことにしています。このバッグインバッグは、世界最先端のファッションの街として有名なミラノで、飛ぶように売れたそうです。ＴＰＯに合わせてバッグを持ち変えるときには、中身すべてを移動させなければなりませんが、どうしても移し忘れがちです。けれどもバッグインバッグは、機能性が充実しています。例えば携帯電話入れ、財布入れ、ノートやボールペン、眼鏡、ティシュやハンカチなどのように目的に合わせたポケットがたくさんあるので、それぞれの指定席があれば、簡単に探せますし、忘れ物もなくなるわけです。高級ブランドバッグは、優雅で美しいものです。しかし、全く違う視点から作られた、このような機能美を備えたバッグインバッグの登場に、ヨーロッパ人は大変驚いたようです。

また、イギリスをはじめとするヨーロッパで、無印良品の小型ドライバーセットが大流行したり、アメリカでは大小のフォーク・ナイフセットが売れたと聞きました。元々フォークとナイフの文化を持つアメリカで、日本の無印良品のカトラリーが飛ぶように売れたとは、不思議な感じがします。伝統的にアメリカ人は肉をナイフで切って食べるので、大きいサイズのものが主流でした。サラダやデザートなどを食べるときは、小さなサイズの方が使い勝手が良さそうですが、彼らは誰もそんな発想には至らなかったのだとか。

実際に物があれば「これはいい」と判断でき、まねることができますが、何もない段階で新しい発想を生むことは極めて難しいことです。その点、日本は長い歴史の連続性とその蓄積の元で、新しいアイデアが生まれやすいのだそうです。

『ＳＫＹキャッスル』に登場する４人の母親のうち、童話作家のスイムは、他の３人とは異質な存在として描かれています。彼女には素朴さがあり、養子であるウジュを無理やりＳＫＹに入れようとは考えていません。そのスイムが、日本人好みのカジュアルなファッションに身を包み、日本人と同様に自然の草木を愛しています。最近、韓国でも自然回帰の風潮が高まっており、子どもに対して部屋に閉じ込めて勉強ばかりさせないで「自然に触れる」ことの重要性を示唆しています。

きらびやかなデザインやブランド品がもてはやされている韓国ですが、ドラマに描かれる若い実業家の部屋のインテリアは、シックなものが多くなったように感じます。韓国も先進国の仲間入りを果たしているあかしだと言えます。

「スプーン階級論」を乗り越えるのが韓国人の夢

2015年頃から、韓国ではネットを中心に「スプーン階級論」という言葉が流行しました。

イギリスには生まれたばかりの赤ん坊を教会に連れて行き、キリスト教の信者とする「洗礼式」があります。このときにはじめて食べ物を食べさせる儀式があるのですが、上流階級の人は銀のスプーンで食べさせる習慣があり、ここから英語では、裕福な家庭の出身者を「銀のスプーンをくわえて生まれてきた人」と呼ぶようになりました。

韓国のスプーン階級論は、このフレーズを基にした言い方で、韓国の「中央日報」によると以下の分類です。

・**金のスプーン**：資産20億ウォン（約2億円）または年収２億ウォン（約２０００万円）以上の家庭に生まれた人

・**銀のスプーン**：資産10億ウォン（約1億円）・年収８０００万ウォン（約８００万円）以上の家庭に生まれた人

・**銅のスプーン**：資産5億ウォン（約５０００万円）・年収５５００万ウォン（約５５０万円）以上の家庭に生まれた人

・**泥のスプーン**：資産５０００万ウォン（約５００万円）・年収２０００万ウォン（約２００万円）未満の家庭に生まれた人

また、金のスプーンより豊かな財閥一族などに生まれた人々を、「ダイヤモンドのスプーン」、と呼ぶケースもあるようです。ダイヤモンドのスプーンの比率は全体の０・１％以下、金のスプーンは１％、銀のスプーンは３％、銅のスプーンは７・５％程度のようで、ほとんどの人は泥のスプーンに分類されます。[70]

『パラサイト』で、半地下に住むキム家は典型的な泥のスプーンの家族です。一方、ＩＴ企業を経営して豪邸に住んでいるパク家は、少なくとも金のスプーンでしょう。

両親の経済力によって子どもの階級が決まり、そこから一生抜け出せないという考え方が広まったことは、韓国社会に暗い影を落としています。「どんなに頑張っても金持ちになることなど不可能だ」と考える若者が増えることで、社会の活力が落ちてしまうからです。

日本でも同じ問題が起きています。親の経済力や家庭環境によって人生が決まる「親ガチャ」という言葉は、２０２１年の流行語大賞にもランクインしました。

確かに、お金持ちの家では子どもに多額の教育費をかけられるため、進学などにおいてかなり有利になります。また、経済力のある親なら、子どもの整形手術や美容にもお金を出してくれるでしょう。ただ、韓国はそこまではっきりと階級が固定されているわけではありません。

イギリスは昔から階級社会で、上流階級と下層階級とでは通う学校、生活習慣、言葉遣いなどが全く違います。下層階級の人が私立の名門校に通うことは、基本的に無理です。また、インドではいまだにカーストと呼ばれる身分制度が残っています。

韓国では、日本統治時代ごろから階級制度がなくなり、価値観だけは強く残っているものの、現実的には、頑張ることで誰でも「金のスプーン」になれる可能性はあるのです。ただ、泥のスプーンに生まれた人は、人の何倍も努力することになり、だからこそ凄まじい競争社会が広がるわけなのです。

ドラマ『梨泰院クラス』はまさにそうした世界を描いています。主人公は正義感溢れる青年で、高校時代に大金持ちの御曹司である同級生を殴って退学処分を食らいます。さらに、御曹司の親が経営していた企業で働いていた主人公の父親も、責任を取らされてクビになり、さらに交通事故で亡くなってしまいます。御曹司に暴力を振るった罪で主人公は投獄されますが、そこから立ち直って飲食業界で一発逆転を狙う、というのがドラマのストーリーです。

このように泥のスプーンから金のスプーンへ成り上がるケースは戦後に実に多く、そういう人が身近にいたりするので、今も成り上がりを目指す韓国人は非常に多いのです。

韓国人はよく1プラス1は10になり、１００になると言い、それを信じています。また、不動産投資は典型的なもので、40年前と比べて１００倍も値上がっています。

起業する人が多いのも、会社でまじめに働いた給料では、現実的に金のスプーンになることは不可能だからです。誰もが起業をしてお金を稼ぎ、株式や不動産に投資して一攫千金を狙うのは、その誰にでもある可能性に希望を抱いているのです。しかしながら、失敗する人の方が多数派であり、金のスプーンへの道のりは甚だ険しく、そう甘くはありません。

大半の韓国人は、1プラス1は2である原理を嫌い、身近な成功者を目のあたりにすると、うまくいかない自分に焦りばかりが募り、ストレスとなり、鬱病に悩む人が多いのです。ついには、自殺にまで追い込まれてしまうケースも決して珍しくないのです。

こうした韓国の社会背景、韓国人の気質を心得ていただいておくと、今まで理解できなかった韓国人の言動の理由が見えてくるのではないかと思います。

『SKYキャッスル』で私が印象的だったシーンは、スイムの息子のウジュがシンア高等学校を退学する時に、教師を振り切り、テスト用紙を投げ捨てて、クラスメイトたちがウジュを追いかけるシーンです。受験のために生きてきた彼らが、教室の外の「暖かい日ざしと青い空」に初めて気づきます。

昔は両班のいる家は周りから尊敬され、親戚も両班を頼りにしました。お金持ちだとかいい仕事に就いているということより、両班であること自体がステータスでした。ソウル大学校に合格するということも、それと同じようなステータスです。しかし、その考えが「お金を多く持つ人がトップ」という拝金主義になるにつれ、薄れてきています。このシーンに、ソウル大学校合格だけがすべてではないと思いはじめた韓国人の変化を感じました。

また、教育パパのミニョクは、ハーバード大学に通っていると嘘をついていた娘のセリが、自分の夢であるクラブの立ち上げビジネスをおこすことを最終的に受け入れます。低俗と思っていたクラブの経営で大金を儲けたことをきっかけに「娘の今の幸せ」として受け入れるこのシーンにも、韓国での価値観の変化を感じます。

こうしたドラマに共感が集まり人気を博したということは、韓国でも少しずつプロセスの間に「今の幸せ」を見つける意識が芽生えていると言えます。

コラム④

現代の韓国人はインテリでも漢字を読めない!?

ドラマ『SKYキャッスル』には、ジュナム大学病院院長のチェ・イノがジュナム大学ロースクール教授であるチャ・ミニョクに、政治家との仲を取り持つよう頼むシーンがあります。このときミニョクは意地悪をして、政治家の趣味などを漢字で書いたメモをイノに手渡しました。しかしイノと、その場に居合わせたジュナム大学病院整形外科教授のカン・ジュンサンの2人はどちらも漢字を読めず、メモが無駄になって悔しがります。

イノは大学病院の院長ですから、当然、飛び抜けて優秀な人物のはずです。また、ジュンサンもソウル大学校医学部に主席で合格したのですから、こちらも優秀さでは負けていません。ところが2人とも、漢字が全く読めないというのは、日本人からすれば驚きでしょう。

それもそのはず、現在の韓国では漢字が一切使われていません。1948年に大韓民国が成立した際に、すべての公文書はハングルで書くことが法律で義務づけられたのです。それまでに作られていた文学作品や歴史書は、ほとんどが漢字ハングル交じりの文で書かれていました。ですから、漢字を廃止すると韓国文化が失われてしまうと反対する人はかなり多かったのです。

ところが１９７０年になると「漢字廃止宣言」が発表され、小学校では漢字を教えなくなりました。そして、新聞や雑誌でも漢字が使われなくなり、やがて学術書からも漢字が消え去ったのです。したがって、今の60歳以下のハングル世代のほとんどの人が漢字を読むことができないので、イノやジュンサンが漢字のメモを読めなかったのは、当然のことなのです。

私が小学校6年生のときに漢字廃止となりました。学校の先生が「これからは漢字を勉強しなくていいですよ」と言ったときにクラスの子どもたちが歓声をあげたことを覚えています。漢字を書くことがなくなったと同時に、文章の書き方も漢字の熟語を使わずに語り口調で書くようになりました。

そして、世の中全体が、ハングルで書く、言いたいことがズバリ伝わる簡潔な文章はカッコいいという風潮になっていったのです。

『82年生まれ、キム・ジヨン』の原作小説にも、婚姻届を出すときに初めて、自分の本貫（ポングアン：祖先発祥の地名）の漢字を目にしたという描写が出てきます。

一方、『SKYキャッスル』に登場するミニョクは漢字を読めますし、自分で書くこともできました。もしかすると彼には、中国か日本への留学経験があったのかもしれません。あるいは、彼が生まれ育ったのが代々続くインテリ家系で、幼い頃から漢字交じりの書籍に慣れ親しんでいた可能性もあります。いずれにせよミニョクは、イノやジュンサンに漢字のメモを渡すことで「俺はお前たちより教養があるんだよ」と見せつけたかったのだと思われます。

ここで紹介した『SKYキャッスル』の一場面は、SKY出身の医師で学校成績が良かったイノやジュンサンに対し、やはりSKY出身者であるミニョクがマウントを取るシーンです。だからイノとジュンサンは、「あの野郎、格好つけやがって！」となおのこと腹を立てたというわけです。

漢字を切り捨てたことは韓国にとって大きな損失です。韓国人は先人達からの知識の伝承・伝統の継承の機会を失いました。こうした文化の断絶が今の韓国社会の拠り所のなさを生み出したのではないかと思います。

引用・参考文献一覧

はじめに

1 ジェトロ：2022年の合計特殊出生率0・78の背景（韓国） 2023年5月15日 https://www.jetro.go.jp/biz/areareports/2023/3064013bb970cd4d.html

2 ASIA to JAPAN：韓国の就職活動は厳しい？～韓国人学生と日本人学生の就活事情の違い 2023年1月6日 https://asiatojapan.com/jgs/recruitment-employment-countries/korea/jobhunting-situation/

3 J-CASTニュース：韓国人サラリーマン、90％が「精神疾患」 原因は職場のストレス、日本は大丈夫なのか 2015年1月29日 https://www.j-cast.com/2015/01/29226604.html?p=all

4 朝日新聞デジタル・SDGs ACTION!：【ジェンダーギャップ指数】日本、2023年は世界125位で過去最低 政治・経済改善せず https://www.asahi.com/sdgs/article/14936739

5 hankyoreh Japan：依然として深刻な韓国の「男女格差」…男女の所得格差「世界最下位圏」 https://japan.hani.co.kr/arti/politics/44040.html

第1章

6 内田由紀子（京都大学こころの未来研究センター）：東日本大震災直後の若年層の生活行動及び

幸福度に対する影響　https://www5.cao.go.jp/keizai2/koufukudo/shiryou/3shiryou/4.pdf

7 金香男：韓国社会における人口政策の成果と限界―少子化と出生性比の不均衡―　https://www.jstage.jst.go.jp/article/jarcs/15/0/15_152/_pdf/-char/ja

8 ニッセイ基礎研究所：韓国の出生率０・７８で、７年連続過去最低を更新―少子化の主な原因と今後の対策について―（金明中）　２０２３年３月９日　https://www.nli-research.co.jp/report/detail/id=74126?site=nli

9 Record China：韓国人男性の8割に「1回以上のＤＶ歴」、衝撃の調査結果が明らかに＝韓国ネット「今も儒教的な考えで女性を苦しめる男性が多い」　https://www.recordchina.co.jp/b185148-s0-c30-d0127.html

10 BEST TiMES：エマニュエル・トッドを我々はどう読むべきか。鹿島茂氏に聞く　２０１７年7月14日　https://www.kk-bestsellers.com/articles/-/6226/

11 鹿島茂：『エマニュエル・トッドで読み解く世界史の深層』　ベストセラーズ、２０１７、ｐ．22、23

12 中央日報：名節後に離婚30％増える＝韓国　２０２０年1月26日 https://s.japanese.joins.com/JArticle/261884?sectcode=400&servcode=400

13 JBpress：料理の準備に食材費の高騰、妻による殺傷事件まで起きる韓国「名節」の重圧　２０２２年9月11日　https://jbpress.ismedia.jp/articles/-/71774

14 早稲田ウィークリー：多いと言われる「佐藤」「鈴木」姓　実は共に人口の2％に及ばない⁉　２０１８年6月22日　https://www.waseda.jp/inst/weekly/academics/2018/06/22/40634/

15 人民日報（人民網日本語版）：日本人の名字は30万種類 「鼻毛」や「御手洗」も ２０１３年6月4日 http://j.people.com.cn/94475/8270109.html

16 東京外国語大学大学院 総合国際学研究院 趙義成研究室 漢陽趙氏―朝鮮人の姓名 http://www.tufs.ac.jp/ts/personal/choes/etc/kanyocho/seimei.html

17 J-CASTニュース：チェ・ジンシル「ネット中傷自殺」が契機 韓国で「サイバー侮辱罪」導入 ２００８年10月６日 https://www.j-cast.com/2008/10/06028113.html?p=all

18 hankyoreh japan：次々と語られる女性の恐怖体験…ソウル江南駅の女性殺害事件受け ２０１６年５月21日 https://japan.hani.co.kr/arti/politics/24201.html

19 聯合ニュース：韓国会社員の21年平均年収 約４２０万円 ２０２２年12月７日 https://jp.yna.co.kr/view/AJP20221207002400882

20 文春オンライン 大学進学率70％なのに「働けない若者」が続出…それでも韓国人が「学歴」に執心し続ける理由 ２０２３年２月15日 https://bunshun.jp/articles/-/60630

21 OECD：自殺率（Suicide rate） https://www.oecd.org/tokyo/statistics/suicide-rates-japanese-version.htm

22 現代ビジネス：お年寄りを敬う国・韓国で「高齢者の自殺」が異様に多いワケ（高安雄一）２０２０年5月28日 https://gendai.media/articles/-/72870?page=2

23 Record China：25～49歳の韓国人男性の約半数が結婚経験なし＝韓国ネット「お金がないなら結婚すべきじゃない」 ２０２３年７月12日 https://www.recordchina.co.jp/b917104-s39-c30-d0195.html

24 hankyoreh japan：二人目を産まない大韓民国…昨年の出生児の63%が「第1子」　2023年3月27日　https://japan.hani.co.kr/arti/economy/46289.html
25 ほけんROOM：韓国の年金制度の仕組みはどうなの？韓国が抱える年金額の課題を解説　2020年7月29日　https://hoken-room.jp/money-life/7505

コラム①

26 サーチコリアニュース：共働き家庭の割合50%以下の韓国、既婚男女が答えた「共働きとなった最大の理由」は…　2022年2月5日　https://searchkoreanews.jp/opinion_topic/id=29172

第2章

27 世界経済のネタ帳：一人当たりの名目GDP（USドル）の推移（1980〜2023年）（韓国，日本）　https://ecodb.net/exec/trans_country.php?type=WEO&d=NGDPDPC&c1=KR&c2=JP
28 ニッセイ基礎研究所：韓国における所得格差の現状と分配政策―新しい尹政権の「選択的福祉」政策は所得格差を解消できるだろうか―（金明中）　2022年7月6日　https://www.nli-research.co.jp/report/detail/id=71675?site=nli
29 イプソス：世界の幸福度が昨年から6ポイント上昇：73%が「幸せ」と回答　2023年3月15日　https://www.ipsos.com/ja-jp/global-happiness-six-points-last-year-73-now-say-they-are-happy
30 Ipsos：Ipsos Global Happiness 2023 Report-WEB.pdf　https://www.ipsos.com/sites/default/

files/ct/news/documents/2023-03/Ipsos%20Global%20Happiness%202023%20Report-WEB.pdf

31 日本経済新聞：韓国不動産価格、急騰から下落基調に　11月は１・１%低下　２０２２年11月28日　https://www.nikkei.com/article/DGXZQOGM2852M0Y2A121C2000000/

32 ニッセイ基礎研究所：なぜ韓国では不動産価格が暴落しているだろうか?（金明中）　２０２３年２月３日　https://www.nli-research.co.jp/report/detail/id=73797?site=nli

33 hankyoreh japan：人生の意味をどこに見出すかと聞くと…韓国人だけがこれを1位にあげた　２０２１年11月24日　https://japan.hani.co.kr/arti/politics/41789.html

34 東洋経済オンライン：日本人は「みんなと一緒が好き」という大誤解（荒川和久）　２０２１年４月21日　https://toyokeizai.net/articles/-/422892

35 日本経済新聞：韓国の起業数、右肩上がり　２０２１年７月10日　https://www.nikkei.com/article/DGKKZO73756390Z00C21A7TEZ000/

36 hankyoreh japan：高すぎる韓国の大学教育費…親の財産切り崩し卒業できても失業者　２０１５年９月10日　https://japan.hani.co.kr/arti/politics/21891.html

37 朝鮮日報オンライン：韓国人「親は子どもが面倒を見るべき」21%…15年間で半減　２０２３年３月19日　https://www.chosunonline.com/site/data/html_dir/2023/03/17/2023031780129.html

38 内閣府男女共同参画局：男女共同参画白書 令和４年版　６-２図　高齢者の貧困率（男女別）の国際比較

コラム②

39 Korea World Times：韓国のモバイル環境は世界１ スマホ通信費が世界１高額で後塵を拝する日本　２０１９年９月14日　https://www.koreaworldtimes.com/topics/news/5987/

40 Pew Research Center：Smartphone Ownership Is Growing Rapidly Around the World, but Not Always Equally　２０１９年２月５日　https://www.pewresearch.org/global/2019/02/05/smartphone-ownership-is-growing-rapidly-around-the-world-but-not-always-equally/

41 Wow Korea：〈W解説〉「ＩＴ大国」の韓国が超高速通信速度で世界34位に転落＝競争力低下の危機　https://s.wowkorea.jp/news/read/378764/

第３章

42 朝鮮日報オンライン：【萬物相】「詐欺大国」大韓民国　２０２３年５月７日　https://www.chosunonline.com/site/data/html_dir/2023/05/04/2023050480098.html

43 ＮＨＫ：去年の「特殊詐欺」被害額は３７０億円超 前年比増は２０１４年以来　２０２３年５月23日　https://www3.nhk.or.jp/news/html/20230523/k10014075461000.html

44 外務省海外安全情報　http://www.anzen.mofa.go.jp/m/mbcrimesituation_003.html

45 夕刊フジ zakzak：韓国は「詐欺大国」 犯罪件数増、ナント日本の16倍！ 近現代史研究家・細谷清氏が寄稿　２０１７年９月12日　https://www.zakzak.co.jp/article/20170912-APPFQ3JGQJKKBD6OSCMQEW35PY/

46 奥田聡：デジタル化が進む韓国での特殊詐欺　https://www.asia-u.ac.jp/albums/abm.php?d=436&f=abm00001414.pdf&n

47 VIETJOベトナムニュース：巨大詐欺事件の首謀者の女に終身刑の判決　２０１４年1月29日 https://www.viet-jo.com/news/social/140128095644.html

48 Creatrip: 韓国の犯罪　https://www.creatrip.com/ja/blog/9137

49 日本銀行調査統計局：資金循環の日米欧比較　２０２２年8月31日　https://www.boj.or.jp/statistics/sj/sjhiq.pdf

50 hankyoreh japan：韓国、「借金で投資」増で家計の株式資産が初めて１０００兆ウォン突破　２０２１年10月9日　http://japan.hani.co.kr/arti/economy/41337.html

51 OECD：労働時間（Hours worked）　https://www.oecd.org/tokyo/statistics/hours-worked-japanese-version.htm

52 KOREA WAVE：韓国若者世代の6割以上「最も適切なのは週40時間勤務」　２０２３年3月28日　https://news.yahoo.co.jp/articles/b6022c64ce7f27557cc65cacb455202e4e89d7cd

53 聯合ニュース：在留外国人　過去最多の２５０万人突破＝韓国　２０２０年2月17日　https://jp.yna.co.kr/view/AJP20200217001000882

54 Wow Korea：青少年の10人に4人がサイバー暴力を経験、おもな原因は「復讐心」＝韓国　２０２３年3月24日　https://www.wowkorea.jp/news/korea/2023/0324/10389217.html

55 聯合ニュース：韓国の化粧品輸出額が2年連続大台　東南アジア向け好調　https://jp.yna.co.kr/view/AJP20230706002400882

56 日本化粧品工業会：化粧品の輸出入　https://www.jcia.org/user/statistics/trade

57 菅野朋子：韓国エンタメはなぜ世界で成功したのか　２０２２年１月　文春新書、p．28
58 聯合ニュース：ネトフリ　韓国に25億ドル投資表明＝尹大統領がＣＥＯと面会　２０２３年４月25日　https://jp.yna.co.kr/view/AJP20230425000200882

第４章

59 聯合ニュース：主要1千社　名門３大学出身ＣＥＯが28・４％に低下＝韓国　２０２１年11月17日　https://jp.yna.co.kr/view/AJP20211117001600882
60 ReseEd：【大学受験】総合型選抜の割合増加…全１，０７１大学の入試実態調査　https://reseed.resemom.jp/article/2023/04/03/6012.html
61 cctoday：대입 모집인원' 수시 줄고 정시 늘었다　https://www.cctoday.co.kr/news/articleView.html?idxno=1206989
62 聯合ニュース：小中高生の塾通い再び活発に　22年の私教育費が過去最大＝韓国　https://jp.yna.co.kr/view/AJP20230307002900882
63 KOREA WAVE：「高１の塾代、月７万円」韓国の親、給料の10～15％が私教育費に消え　２０２３年３月10日　https://news.yahoo.co.jp/articles/ca0568dc0f57dcb5e34862f574b3637eaefdbea1
64 産経ニュース：「タマネギ男」韓国元法相に１審実刑　子供の入学不正問題　２０２３年２月３日　https://www.sankei.com/article/20230203-YPDSIEIIQFODRLPI5SIBH5ZSOY/
65 内閣府：令和４年版高齢社会白書（全体版）　https://www8.cao.go.jp/kourei/whitepaper/w-2022/html/zenbun/s1_1_2.html

66 韓国人採用ナビ：外見至上主義⁉ 韓国の最新美容事情 https://bwell.jp/korec/magazine/archives/3565

67 韓国騒然の「芸能人の１００人中99人は整形している」発言は本当か（慎武宏） ２０１８年10月31日 https://news.yahoo.co.jp/expert/articles/ff7e00e86fda48df692a96bd765485c6a5f9848f

68 ニューズウィーク日本版：偽物着用でＮｅｔｆｌｉｘ出演。若い韓国人が高級ブランドに執着する切実な理由 ２０２２年２月25日 https://www.newsweekjapan.jp/stories/woman/2022/02/post-653.php

69 朝鮮日報：【コラム】「高級ブランド消費1位」でも「幸福度最下位」の韓国 ２０２３年2月13日 https://www.chosunonline.com/site/data/html_dir/2023/02/13/2023021380050.html

70 JOAH：韓国の格差社会をスプーンで表す⁉ スプーン階級論とは？ ２０２２年6月19日 https://joah-girls.com/articles/JBvoi

<著者略歴>

呉 善花（オ・ソンファ）

韓国・済州島生まれ。1983年に来日、大東文化大学（英語学専攻）の留学生となる。東京外国語大学大学院修士課程修了（北米地域研究）後、拓殖大学教授を経て、現在は東京国際大学教授。評論家としても活躍中。1998年に日本国籍取得済み。
主な著書に、『攘夷の韓国・開国の日本』（文藝春秋、第5回山本七平賞受賞）、『スカートの風』（三交社・角川文庫）、『韓国を蝕む儒教の怨念』（小学館新書）、『韓国「反日民族主義」の奈落』（文春新書）、『日本にしかない「商いの心」の謎を解く』（PHP新書）、『反目する日本人と韓国人』『韓国人には理解できない謙虚で美しい日本語のヒミツ』（ビジネス社）など多数。

〈編集協力〉白谷輝英

韓流映画・ドラマに見える下剋上の韓国

2023年11月1日　第1刷発行

著　者　呉 善花
発行者　唐津 隆
発行所　株式会社ビジネス社
〒162-0805　東京都新宿区矢来町114番地 神楽坂高橋ビル5F
電話　03(5227)1602　FAX　03(5227)1603
https://www.business-sha.co.jp

〈装幀〉中村 聡
〈本文組版〉マジカル・アイランド
〈印刷・製本〉中央精版印刷株式会社
〈営業担当〉山口健志
〈編集担当〉近藤 碧

ISBN978-4-8284-2562-7